Nie wieder Arbeit

Satz: Rudolf Schaber GesmbH, Wels
Printed in Austria by Welsermühl, Wels
ISBN 3-7017-0606-9

REINHARD P. GRUBER

# Nie wieder Arbeit

Schivkovs Botschaften vom anderen Leben

Residenz Verlag

Ihr habt die Welt begriffen
als Arbeitswelt;
es kommt aber darauf an,
sie als Lebens-Welt einzurichten.

## Ihr seid nichts, weil ihr nichts wollt

Und eines Tages merkt ihr: es gibt euch. Ihr seid da.
Aber dann ist es bereits zu spät. Oder nicht?
Doch, es ist zu spät.
Der Tag, an dem ihr euch selbst begegnet seid, war zu spät gekommen.
Ihr habt den Tag nicht gesucht und der Tag hat euch nicht gesucht, deshalb seid ihr einander erst so spät begegnet.
Dieser Tag war ein bloßer Zufall. Und selbst aus dem Zufall zu erkennen wart ihr nicht in der Lage. Weil ihr das Erkennen verlernt habt; und weil ihr Zufälle verabscheut. Euch kann nichts mehr zufallen, weil ihr den Zufall ausgeschaltet habt.

Der Zufall ist das Menschlichste, das dem Menschen geschehen kann.
Vielleicht seid ihr gar keine Menschen, da ihr unzufällig lebt?
Vielleicht ist euch das Menschsein unter der Hand entglitten — unter der Faust des Notwendigen?

Das Notwendige ist das Unmenschliche, das Menschliche allein ist das Unnötige. Der Mensch ist unnötig. Jede Not des Menschen leitet sich von seinem Wahn ab, notwendig zu sein.

Ihr seid andere Menschen, wenn überhaupt. Ihr seht aus wie Menschen, aber ihr habt kein Bild eines Menschen in euch. Mensch ist nur einer, der ein Bild vom Menschen in sich hat. In euch ist ein Gerümpel, das euch im Weg steht. Sollte das Gerümpel euer Selbst ausmachen, dann steht ihr euch selbst im Weg. Aber ihr wißt ja nicht einmal, daß der Schutt, aus dem ihr seid, nicht ihr selber seid! Ihr denkt, das Leben sei wie der Schutt, der ihr seid — doch der Schutt hat alles zugedeckt, worauf es ankommt. Das, was ihr sein könntet, liegt unter eurem Müll, den ihr Leben nennt. Ihr selbst seid verschüttet — es gibt euch gar nicht. Ihr bewohnt nicht die Realität, sondern den Müll. In euch und außer euch ist der Müll. Euch gilt der Zufall nichts, der euch ver-rücken könnte, wohl aber der Abfall — ihr seid vom Leben abgefallen.

Ich spreche zu euch vom Leben wie ein Wassertropfen zu toten Fischen. Ich spreche zu spät, weil ihr tot seid, für immer tot, ich schlage euch kein besseres Leben vor, ich spreche nur von dem Leben, das ihr haben hättet können.

Ihr seid tot, weil ihr euch für nichts entschieden habt. Ihr habt euch nicht für das Leben und nicht für den Tod entschieden, ein entschiedener Tod wäre ein menschlicher gewesen. Ihr seid des Suizids nicht mächtig: tötet euch — und ihr habt nichts getötet, weil ihr nichts seid. Ihr lebt weiter, auch wenn ihr tot seid, in millionenfacher Ausfertigung wird euer Leben weitergelebt, weil euer Leben kein Leben ist, sondern ohnehin nur der Tod. Euer Leben verdient nur den Namen Tod. Wenn ihr gestorben seid, hat das Leben nichts Lebendiges verloren. Euer Leben war von Anfang an Stroh, gedroschenes Stroh ohne Korn. Ihr seid zur Welt gekommen, und euer Leben *war* schon gedroschen, vollkommen abgedroschen.

Schivkov nahm ein getrocknetes Stück Schlangenfleisch und zerkaute es bedächtig. Plötzlich stand er auf, ging zur Hausbar und goß sich, noch den Bissen im Mund, ein Glas Tequila ein und stürzte es hinunter. Er kam zurück und nahm die Sitzposition ein, die er immer wieder als Satzposition bezeichnet hatte. Sätze sitzen, geruhte er zu bemerken. Stände stehen, Sätze sitzen; Sätze gibt es nur im Sitzen. Sätze, die im Liegen gesprochen werden, sind gelogen. Lügen liegen.

Ihr seid ein Heuhaufen, in dem keine Nadel verborgen ist — niemand sucht nach eurem Inneren, und ihr selbst schon gar nicht, weil ihr vor lauter Stroh die Idee, die Möglichkeit der Nadel im Stroh, nicht mehr seht. Ihr seht nicht mehr, was ihr sein könnt. Eine Nadel könntet ihr sein, aber es ist euch zu mühsam, eine kleine Nadel zu sein, wo ihr doch problemlos groß sein könnt — der große Strohhaufen seid ihr, Streu seid ihr. Euer Leben ist nicht einmal Stroh, das ja den Winter überdauert; euer Leben ist der Staub, den das Stroh macht.

Ihr seid nichts, weil ihr nichts wollt. Was ihr wollt, ist Schein: Ihr wollt, was andere wollen. Ihr wollt, was eure Eltern wollen, ihr wollt, was eure Lehrer wollen, Schivkov zündete sich eine Zigarette an, ihr wollt, was eure Lehrherren wollen, ihr wollt, was eure Lebensmittelkonzerne wollen, ihr orientiert euch an Fußballclubs, an Reisebüros, an Zeitungen, Büchern, Filmen, am Fernsehen, an den Versicherungen, an Parteien, an der Caritas, an den Kirchen, an den Autofahrervereinigungen, am Burgtheater, ihr tragt dicke, trübe Brillen auf den Nasen, die euch die Krankenkassen verschrieben haben — oder waren es die Regierungen? — ihr wollt, was die Großkonzerne wollen, ihr wollt, was die Alternativen wollen; ihr wollt, was eure Gesellschaft will: daß ihr nichts Eigentliches wollt, nichts, was euch selber guttäte; ihr wollt, was der Stabilität der Macht guttut.

Ihr wollt Fremdes — ihr wollt nichts Gutes für euch selbst. Ihr habt glauben gelernt, daß das einzige gute Wollen das Wollen der Gesellschaft ist, ihr habt das gesellschaftliche Wollen, das ein Wollen der Versteinerung von Macht ist, verinnerlicht — ihr kennt euch nicht anders als auf dem Weg zur Macht, dieser Weg ist euer Fortschritt. Euer Aufstieg ist vorgezeichnet auf der Leiter des Kapitals: eines Tages wollt ihr euch des Kapitals als Mittel bedienen für das gute Leben. Doch dieser Tag kommt nicht. Dieser Tag ist schon gekommen, schon längst ist er gekommen: für die Kapitalisten, die das Kapital schon zerfressen hat. Sie verbringen ihr Leben mit dem Beschützen ihres Kapitals.

Eine Frage —

Habt ihr nicht das beste Leben?
Tauscht es um!
Nur kleiner Aufpreis!

Der Tag, an dem ihr Kapitalisten seid — das Scheinziel, das euch die wahren Kapitalisten verpaßt haben —, wird nie kommen. Ihr werdet die gewesen sein, die auf dem Weg zum Glück verreckt sind. Selbst der Trost hilft euch nicht viel (weil ihr die Einsicht nicht habt), daß euer Verrecken auf dem Weg zu einem Schein-Ziel noch immer ein »besseres« Leben gebracht hat, als wenn ihr das Ziel erreicht hättet.

Ihr seid tot, euer ganzes Leben lang tot gewesen, weil ihr euch für nichts abgemüht habt, ihr habt die scheinhaften Ziele der anderen zu eurem Lebensinhalt gemacht. Noch toter als ihr sind allerdings DIE HERREN, die euch ihre Ziele gelehrt haben (sie haben es wohlweislich versäumt, euch ihre Leere, ihr Kaputtsein mitzuteilen). Die »Bequemlichkeiten«, ihr »hoher Lebensstandard«, ihre »Einflußsphäre«, die ihnen ihr Kapital gesichert hat, haben sie bezahlt mit lebenslanger Angst: sie sind die, die immer alles verlieren konnten. Sie haben gelebt, um in Streß und Geiz und Gier bleiben zu können, was nur Streß und Geiz und Gier nach sich zieht: reich.

Reichtum erzwingt Angst — vor dem Verlust des Reichtums. Diese Angst erfüllt das Leben mehr als die möglichen Annehmlichkeiten, die der Reichtum hätte bringen können. Ihr Armen seid es immerhin, die nichts verlieren konnten! In Wahrheit sind die Reichen arm — sie können alles verlieren.

Doch dieser Reichtum ist mit innerer Gewißheit verbunden. Solange die Armen nicht wissen, daß sie nichts zu verlieren haben, solange sie meinen, ihr Gerümpel an Besitztum müsse verteidigt werden, so lange meinen sie, das Gerümpel sei Bestandteil des hohen Standards des Lebens, den es zu erhalten gelte: so lange sind sie unfrei.

Frei ist, wer nichts zu verlieren hat. Ihr seid alle frei, sagte Schivkov und holte ein Glas eingelegte Oliven, aber nur, wenn ihr erkennt, daß das alles, was ihr besitzt, nichts ist. Erst wenn ihr seht, daß ihr die Verwalter vom Gerümpel[1] seid, das euch die Gerümpel-Erzeu-

---

1 Zu Beginn des Textes stand »Gerümpel« noch für verkommene Innerlichkeit, jetzt weitet Schivkov den Begriff auf die Dinge des täglichen Gebrauchs aus. Schivkov geht schon von Anfang an ziemlich schroff auf seine verschreckten Zuhörer los. Er hat offensichtlich keine Angst, jemand zu vergraulen. Er spricht mit Wut im Bauch und Hunger im Mund.

ger teuer verkauft haben, erst wenn ihr fähig seid, Gerümpel zum Abfall zu werfen, erst wenn ihr fähig seid, Müll-Deponien zu errichten, erst dann werdet ihr frei sein.

Frei werdet ihr also sein, wenn ihr euch selbst zum Müll geworfen habt. Eure Bedürfnisse, eure Sehnsüchte, eure Sorgen, eure Geheimnisse, alles, was euch selbst auszumachen scheint: werft es fort auf den Müll und laßt es verrotten! Es ist nur ein scheinhaftes Selbst! Die Erde ist gnädig, sie schluckt den Müll. Sie schluckt ihn, weil sie ihn verwandeln kann — in Humus. Ihr seid es wert, daß ihr zu Grunde geht.
Schivkov zerbiß eine Olive.

## Schivkov und die Lehre vom Müll

Am wenigsten Müll macht ihr, wenn ihr nicht lebt. Es ist daher besser, wenn ihr nicht lebt. Jede eurer Existenzen vermehrt den Müll. Jede eurer Existenzen macht euer Leben unlebenswerter. Existenzvermehrung ist gleichbedeutend mit Müllvermehrung. Ihr lebt nicht natürlich: natürlichen Müll gibt es nicht.

Es gibt Abfall und es gibt Müll. Ab jetzt heißt Abfall: was von den Körpern wegfällt, was vom natürlichen Körper auf den Boden fällt. Ab jetzt heißt Müll: Sperrmüll; was sich gegen die natürliche Verrottung sperrt.

Ihr lebt in Müllstädten, in Müllzimmern, ihr schlaft in Müllbetten — Sperrmüll, so heißt der Inhalt eurer Existenz! Ihr bewegt euch nicht mit den Füßen, sondern auf rollenden Müllcontainern, pesterzeugenden, erstikkenden Metallkästen mit Gummirädern. Ihr opfert Pflanzen und Tiere dem Erdöl. Ihr opfert Menschen — ihr wißt es gar nicht, daß ihr ein permanentes Menschenopfer veranstaltet — dem »Verkehr«. Ihr fahrt von einem Ort zum anderen, und unterwegs gehen regelmäßig Menschen verloren. Die Regierungen, die Verkehrsminister werden nicht angeklagt, nicht haftbar gemacht für ständiges Vertilgen von Menschenleben. Töten auf den Straßen ist von den Regierungen nicht nur erlaubt, sondern mit absoluter Gewißheit geduldet — oder genauer, weil sie nichts dagegen unternehmen —: gefordert. Der Staat ist der wahre Müllvernichter, und der Staat ist der wahre Müllerzeuger: Er erzeugt euch, und er vernichtet euch.

Ich spreche immer weniger vom Müll, der sich außerhalb eurer selbst auftürmt. Ich spreche immer mehr vom Müll, der euer Innenleben ausmacht.[1] Die Müllhalden, die chaotischen, unüberschaubaren, unbremsbaren Müllhalden sind in euch. Der Müll außer euch, der Außenmüll, stammt von dem Müll, den ihr ohne Unterlaß zu euch nehmt.

Schivkov rollte sich eine Zigarette.

Ihr nährt euch vom Gesündesten. Euer Gesündestes ist nicht existent ohne Verpackung. Eure Gurken haben Plastikhäute, eure Milch hat Aluminiumschalen, euer Fleisch wohnt in Nylonsackerln, eure Getränke verbringen ihre Frist in Leichtmetall oder Glas, euer Käse braucht Papier und Stearin, euer Wasser rinnt nicht ohne Stahl und Plastik, euer Obst braucht Tonnen von Chemie. Sobald ihr eßt und trinkt, wächst der Müll. Ihr eßt nicht etwas weg, ihr eßt etwas dazu: den Müll.

Euren Außenmüll, die Verpackung, habt ihr verinnerlicht. Euch gilt nur mehr etwas, das verpackt ist. Ihr seid das wahre Pack. Die Verpackung ist in euer Inneres gekommen: euer Inneres ist unverdaulich geworden! Das Äußere hat sich in euer Inneres ausgebreitet, euer Inneres ist dauerhaft geworden. Ihr seid unverrottbar geworden — eure Ewigkeit heißt Unverrottbarkeit!

---

1 Im vorigen Kapitel war es noch Gerümpel, jetzt spricht Schivkov schon von Müll. Ja, *wir* sind die wahren Müllmenschen. In uns und außer uns ist der Müll. Leider verrät der Meister nicht, woher er kommt — wie er selber sauber bleiben konnte von dem vielen Müll.

Ihr seid Verpackungsmaterial in eurem Innersten. Ihr seid Sperrmüll, verdammt, herumzuliegen, weil sich keine Mülldeponie eurer erbarmt. Ihr seid Bewohner entlebten Lebens: ihr seid verdammt, nie mehr zu verrotten.

Schivkov zerdrückte seinen brennenden Zigarettenstummel mit dem Fußabsatz auf dem Teppichboden.[2]

2 Ja, die Verachtung kennt keinen Boden!

## Schivkov und die Lektion vom Leben

Betrachtet euer Leben, sagte Schivkov — ihr seid ohnehin die einzigen, die euer Leben als »Leben« betrachten. Ihr nennt euch Lebewesen; lebende, lebendige Wesen. Ihr beansprucht, Teil der Natur zu sein, ein Anspruch, den euch niemand absprechen kann: wenn ihr lebt, seid ihr Natur. Ich bringe euch eine frohe Botschaft, deren Fröhlichkeit ihr nicht abschätzen könnt: ihr könntet leben![1] Ihr könntet Natur sein!

Was ihr jetzt seid, Schivkov verlangsamte seinen Gang, ist: Lebzeug. Ihr seid Lebendes, das zum Zeug geworden ist. Wenn ihr Junge auf die Welt bringt, so nennt ihr es, instinktiv richtig, »zeugen«. Ihr seid Zeug und ihr macht Zeug. Zeug kommt vom Ziehen. Euer Zeug zieht eine verderbenbringende Schleifspur durch die Natur.

Ihr zieht die Künstlichkeit über das Leben und nennt die Künstlichkeit Fortschritt, Zivilisation, Entwicklung, Lebensstandard; eure Künstlichkeit ist ein Präservativ, das ihr über euer natürliches Leben gestülpt habt, ein Präservativ — wüßtet ihr, was euer Leben sein könnte —, das immer um eine Nummer zu klein ist. Ihr lebt ein verhütetes Leben — ein präservatives.

Ob es euch gibt oder nicht gibt, das macht in der Bilanz der Natur keinen Unterschied. Ihr treibt keine Blüten; ihr treibt in Zeughäusern; euer Treiben, euer Trieb geht

1 Nur nicht vorzeitig die Hoffnung aufgeben!
Schwarzseher Schivkov dürfte Erzieherisches in seinem Hinterkopf ausbrüten.

so weit, wie der Gummi des Präservativs reicht, das Präservativ ist euer Treibhaus, dort treibt ihr es mit euren Trieben.

Schivkov ging in einen Lebensmittelgroßmarkt und kaufte eine Flasche Rum. Ein großer Schluck gurgelte in seinen Körper. Er hielt die Augen lange geschlossen. Schivkov beruhigte sich.[2]

Seht euer Leben, sagte er, seht eure Geburt — die Wehen werden künstlich eingeleitet. Kein künstliches Einleiten — keine Geburt. Die Muttermilch ist verseucht, mehr als das Trinkwasser. Die Ernährung der Säuger haben nicht die Mütter, sondern Konzerne in der künstlichen Hand. Nestlé und Milupa bestimmen die ersten Tage eurer Menschen.

Eure Brut darf nur als registrierte aufwachsen. Wer den Nachwuchs nicht meldet, ist strafbar. Euer Leben beginnt mit der Meldung. Ihr müßt in betonierte Häuser gehen, in schmale, dunkle Gänge, dort stellt ihr euch an und meldet — wem? — die Geburt eines neuen Säugers. Ab jetzt ist der Säuger kein Säuger mehr, sondern registrierter, eingeordneter, eingeschachtelter Staatsbürger, er hat eine Urkunde, die Kunde vom Ur: der Staat hat Ur. Sobald die Kunde ge-ur-t ist, beginnt das Verhängnis des Lebens, vorher war es illegales, nicht registriertes Leben.

Der eigene Tag: meistens kommt er nicht.
Das eigene Ich: meistens kommt es nicht.

---

2 Rum deutet auf untere soziale Schicht hin; Erregung und Beruhigung in solcher Nähe auf höhere.

Das eigene Haus: meistens ein verschuldetes.
Der eigene Staat: meistens ein fremder.
Der eigene Regen: meistens ein saurer.
Das eigene Leben: meistens ist ein anderes ein besseres.

Euer Leben, sagte Schivkov und ergriff eine Karotte vom Gemüseregal, ohne sie zu verpacken, und biß hinein, euer Leben hat sich reduziert auf legales Leben; euer Leben hat keine Natur, aber einen Staat — eure Gesellschaft. Euer Leben, das nur Leben wäre ohne Gesellschaft, ist ein Zwangsgesellschaftsleben.[3]

Wohin kommen wir, fragte Schivkov, wenn das Leben abdankt zum Staat? Hält euch euer Leben am Leben? Eure Kinder, und Schivkov machte wieder einen Schluck, ohne Wirkung zu zeigen, eure Kinder sind die Ärmsten der Armen — sie wissen nichts, sie wissen nur, was ihr selber vom Leben wißt. Also wissen sie nichts.

Eure Kinder sind plastic people: Die Schultasche, die Schuhe, die Kleidung, die Schule, das Jausenbrot: Plastik! Eure Kinder sind die massenhaften Vertilger — und damit Produzenten — von Gummischnitzeln und Öl-Kartoffeln und Mehlwürsten. Eure Kinder sind das Abbild von euch selbst, den furchtbarsten Ausgeburten des Universums: ihr wißt nicht, wer oder was ihr seid, und trotzdem verhaltet ihr euch aktiv. In Wahrheit seid

3 Die unverpackte Karotte im Großmarkt — eines der großen Paradoxa Schivkovs: wäre das Leben lebenswert, wenn die Karotten in den Großmärkten verpackt wären? Sind Karotten gleichnisfähig?

ihr destruktiv, weil ihr nicht wißt und auch gar nicht wissen wollt, was ihr bewirkt. Die Wirkung ist euch das Fremdeste überhaupt. Ihr lebt, und denkt, Leben ist Leben. Aber Leben ist Wirkung. Leben ist Änderung.[4]

4 Wo spricht eigentlich Schivkov — vor wem? Im Supermarkt?

## Eure Werte sind es wert, zertrümmert zu werden

1) *Ich nehme euch alles, was euch wert und teuer ist*

Nur so könnt ihr werden, wie kein anderer gewesen ist: Selbst. Ich. Individuum. Ein Fluß.
Jetzt seid ihr Dividenden: Teilbares, beliebig Teilbares, nach tausend Maßstäben dividierbar, nach zweitausend Maßstäben addierbar, nach viertausend Maßstäben multiplizierbar. Das Resultat eurer Existenzvermehrung ist identisch mit der Ausgangslage. Ihr seid die Vorhersehbarkeit schlechthin, die Berechenbarkeit — weil ihr teilbar seid. Man teilt euch, und ihr seid dennoch dieselben. Ihr seid identisch vor und nach der Teilung.

Schivkov nahm eine Margerite, legte sie auf den Tisch und schnitt sie mit einem Skalpell in der Mitte entzwei.[1]
Eure Werte sind es, oder genauer, die Werte, die euch als eure eigenen, unverwechselbaren erscheinen, die euch mit einem Vorschlaghammer zertrümmert werden müssen, pulverisiert werden müssen, damit ihr einen Vorgeschmack vom Ich bekommen könnt.

Euer Geschmack ist das Wir.[2] Ihr wollt gemeinsam. Ich komme euch un-wir-sch. Ihr seid die lahmen Brüder der Einheit, die blinden Schwestern des Kollektivs. Ihr seid die Einheit des Morasts, der sich gemeinsam nach oben rülpsen will. Und oben sitzen die übereinigen Oberrülpser.

---

1 Ein geschmackloser Vorgang.
2 Später wird Schivkov das »Wir« weitaus positiver sehen. Manche zweifeln an der Authentizität des vorliegenden Kapitels.

Ihr seid das wahre Kollektiv, das ihr als östlichen Begriff verabscheut. Das östliche Kollektiv war immer nur ein Regierungskollektiv, auf das der aufgeklärte Genosse spie (meistens lebte er in der Einzahl). Auf euer Kollektiv speit niemand, weil es nicht differenziert ist: ihr wollt dasselbe, Unten will dasselbe wie Oben: oben sein und oben bleiben. Eure Obrigkeiten sind eure Freunde — dort wollt ihr auch einmal sein. Eure Oberen laden euch ein, es ihnen gleichzutun: buckelt und buckelt, und euer Buckel wird euch erhöhen, wird euch endlich die Privilegien einbringen, die ihr als oberstes Ende des Lebensstandards zu sehen gelernt habt.

Das gemeinsame Ziel ist die Krüppel-Existenz. Die größten Buckel der Republik, die Minister, halten Ausschau nach den zweitgrößten Buckelexistenzen, die die Fähigkeit aufweisen, ihre Buckel auf Kamelhöckergröße auszubauen. Ihr seid Krüppel, und ihr wollt werden, was eure Oberen sind: größere Krüppel. Den armen Krüppeln versprechen sie, reiche Krüppel zu werden. Aber es bleibt ohnehin beim Versprechen — die oberen Krüppel halten die Unterkrüppel mit Erfolg im Unterkrüppel-Stadium. Das Unterkrüppelstadium hat einen Bindekitt: das Wir, das nach oben will.

Nur das Ich will nicht nach oben. Das Ich will sich selbst. Jetzt ist die Zeit, wo das Ich zum politischsten aller Begriffe geworden ist, zum wildesten Inhalt, zum Gefährlichsten: das Unnütze, das Unabwägbare, Unabschätzbare, Unvorhersehbare, Uneinteilbare, Unteilbare — zu dem, was sie früher »Person« genannt haben. Jetzt, wo nur mehr Persönlichkeiten existieren, ist die »Person« der Sprengstoff der Gesellschaft geworden — die Person ist un-ordentlich! Ordnung ist eine Konstituente des Staatsbürgers, nie aber eine der Person. Das

Nicht-Eingeordnete, genereller: das Ungeordnete ist die menschlichste aller Kategorien des Menschen. Menschen leben unordentlich. Geordnete Menschen sind Lebzeug.

2) *Ich nehme euch alles, was euch wert und teuer ist*

Eure Mütter nehme ich euch und eure Väter und eure Kinder, besonders eure Kinder. Ich nehme auch eure Ausdrucksformen; eure Sprache muß ich konsequent vernichten und werfe sie mit eurer Gestik zum Müll. Eure Träume trete ich in den Boden, dort gehört es hin, das abgestandene Brackwasser, das nach frischem Regen lechzt. Eure Sehnsüchte lasse ich mit einer Planierraupe einebnen, glattbügeln, bis sie verschwunden sind und an ihrer Stelle Gras wächst. Eure Geheimnisse stelle ich auf der Wiener Frühjahrsmesse aus und lasse sie totlachen von den Bankbeamten, die nicht wissen, worüber sie lachen. Eure Urlaube klappe ich mit einem Reiseführer zu. Eure lauwarmen Reitkurse in den abendlichen Schlafzimmern spritze ich mit vergiftetem Schaum aus einem Feuerwehrschlauch hinaus auf eure Parkplätze. Auf eure Wochenendhäuser lasse ich ununterbrochen die Abfangjäger des Bundesheeres abstürzen. Eure Bergausflüge lasse ich mit saurem Regen entgräten. Eure Kleingärten zerstampfe ich zu bleihaltigem Eintopf, ach, ihr habt sie schon zerstampft und kaut noch dran. Euren Schwimmbädern reiße ich die Schleusen weg, damit das Chlor den Gang der Natur gehen kann. Euren Straßen reiße ich den Hintern auf, damit ihr Hintern wieder einmal frei durchatmen kann. In eure Burgenländerwitze schleuse ich AIDS ein, und schon ist es vorbei mit eurer familiären Humorigkeit. Euren Pantoffeln streue ich Salz unter die Sohlen, sodaß sie nie mehr heilen. Und eure Ärzte ziehe ich zu einem Kurs ein, von dem sie nie mehr wiederkehren. Ich liebe euch.[3]

3) *Ich nehme euch alles, was euch wert und teuer ist*

Ich ziehe euch aus. Aber ihr seid ja selber die Verpakkung, ihr habt kein Äußeres mehr, ihr seid das Äußere — also ziehe ich euch selbst aus, ich entziehe euch euch selbst, ich ziehe euch von euch selbst ab. Eine Haut nach der anderen reiße ich euch herunter, eine Falschheit, eine Fremdheit nach der anderen. Dafür schenke ich euch die neue Heimlichkeit. Eure Öffentlichkeit vernichte ich, um Platz zu schaffen für euer eigenes Heim, eine Stätte, die ihr euch selbst errichten müßt: nicht die Gemeindewohnungen, in die euch eure Regierungen wie Säue pferchen.

Ihr seid euch im Laufe der Generationen un-heimlich geworden. Ihr seid längst nicht mehr daheim, nicht zu Hause. Daher habt ihr keine Heimlichkeit, und ihr habt keine Häuslichkeit. In den Höfen wohnt ihr schon lange nicht mehr, daher eure Unhöflichkeit.[4]

Ihr seid außer euch. In euch ist nur das Wir, die Öffentlichkeit, die Fremdheit, die Gesellschaft. Deshalb muß zerstört werden, was euch jetzt ausmacht, damit geboren werden kann, was euch zu euch selber macht.

Ihr seid tot, ihr seid toter als tot, und ihr klammert euch an euer Tot-Sein, weil alle tot sind. Totsein ist schick.

3 Schivkov meint die Österreicher.
4 Als ob nur der Adel höflich wäre!

Schivkov griff zu den potatoe-chips, nahm sie in seine Hände und zerbrach die Packung, den Blick in den Himmel gerichtet.

Wenn ihr außer euch seid, dann müßt ihr aus euch herausgehen, um euch selber zu finden. Was sollte es denn überhaupt sein, das es zu finden gelten könnte? Die Selbstbestätigung? Die Identität? Die Daseinsgewißheit? — Alles philosophische Luxusgüter, Hirngespinste, in denen sich die fetten Maden der mad-generation festgefressen haben; die mad-generation, das ist die Sekte der Macher, die das Machen, das Tun, das Entscheiden pervertiert haben: die Sekte der Macht-Haber, die machen, aber auf Kosten von euch Gemachten, von euch Fertig-Gemachten.

Ihr seid fix und fertig gemacht; allzeit bereit, den Weg der Macht anzutreten: ihr seid bereit, gemachte Leute zu werden. Hättet ihr auch nur eine einzige große Entscheidung in eurem »Leben« getroffen, treffen können — ihr hättet nie »gemachte Leute« werden können!

Schivkov nahm einen Kartoffelchip in seine Hand, führte ihn zum Mund und biß hinein. Die Fensterscheiben klirrten. Er spülte mit Cola nach. Ich führe euch hinaus aus euch, aus einer Landschaft, die ihr nicht seid. Ich führe euch durch das Tote Meer hinüber ans Ufer des Lebens.

Ich ermorde euer unwürdiges Schattendasein, verbrenne eure Strohhalme, an die ihr euer Dasein geheftet habt. Ich gebe euch die neue Lässigkeit: laßt sein, was ist! Nur dann werdet ihr leben!

Eure Gefühle
möchte ich nicht kennen;
nur schade,
daß ihr
sie auch nicht kennen wollt!

## Das Auto-Selbst

Die Idee der menschlichen Bewegung, der Änderung des Selbst, des ständigen Fließens, ist euch geronnen, erstarrt zur Fort-Bewegung, zum Fort-Schritt: Ihr schreitet, aber nur fort, ihr bewegt euch, aber nur fort — von euch selbst. Ihr seid eure eigenen Fortfahren. Schivkov saß da im Schneidersitz, auf dem Boden, und sprach bewegungslos.

Der Fortschritt ist euch so geläufig, so selbstverständlich, daß euch eure Fortbewegungsmittel zur zweiten Natur geworden sind. Nicht umsonst nennt ihr eure vierrädrigen Krebskanonen Autos. Sie sind euer zweites Selbst geworden. Das Problem des Autos und eures Fortschritts habt ihr verkannt: nicht ihr bewegt euch, sondern das Auto. Nicht ihr macht Fortschritte, sondern nur euer Fortbewegungsmittel, das sich dauernd marktgemäß ändert.

Eure Bewegung ist keine Eigen-Bewegung, sondern bloß das Zurücklegen von Distanzen; das Auto fährt euch von hier nach dort, ihr selbst bewegt euch nicht dabei, ihr sitzt dabei am selben Fleck, ihr seid sogar festgeschnallt, daß jegliche Bewegung eurerseits garantiert unmöglich wird. Ihr steigt an einem Ort ein, und ihr steigt an einem anderen Ort wieder aus — und ihr glaubt, ihr habt euch dabei bewegt. Aber ihr steigt als genau dieselben aus, als die ihr vorher eingestiegen seid: ihr selbst habt euch nicht im geringsten bewegt, ihr seid starr dieselben geblieben, bloß die Landschaftskulissen sind verschoben worden.

Einst war das Auto, wie das Selbst, ein Privileg, das es zu erringen galt — nicht das Fahrzeug, sondern die Freiheit, die Bewegung, die Geschwindigkeit war gemeint; das Auto war euch ein Symbol der Beschleunigung eurer Gesellschaft. Freiheit auf Rädern, hieß und heißt es in eurer Werbung. Jetzt rollt ihr alle auf privaten Rädern, auf öffentlichen Straßen. Eure Gesellschaft ist eine Rädergemeinschaft. Sobald ihr auf der Straße seid, differenziert ihr die Menschen nur mehr nach zweirädrigen und vierrädrigen.

Eure Räderfreiheit, euer Geschwindigkeitsrausch hat ein schnelles Ende gefunden. Während euch die Werkspiloten der Formel-I-Ställe im Zweiwochentakt den Rausch der Freiheit im Fernsehen demonstrieren, sitzt und steht ihr mit euren eigenen Fahrzeugen (Rauschmitteln) in einem kilometerlangen Stau, vor einer roten Ampel, vor einem Bahnschranken, vor einem Fußgängerübergang, vor einer Schneewächte. Ihr gebt Gas, aber ihr dürft alle nur dasselbe gebremste Tempo fahren, weil Gasgeben Waldsterben heißt und Verseuchung eurer Lebensmittel. Ihr gebt Gas, und jeder 4. Fahrzeugführer hat einen Unfall — auch wenn er nicht Gas gibt. Ihr gebt Gas, und an einem einzigen Wochenende in Europa sterben 200 Verkehrsteilnehmer oder mehr.

Ihr habt euch das Auto verordnet, und die Verkehrsminister sind die willfährigen Erfüllungsgehilfen eures Geschwindigkeitsrausches, der nur zum Stillstand geführt hat: die meiste Zeit fahren eure Autos nicht, sondern sie stehen. Auch für stehende Autos zahlt ihr gern Steuern, mit denen *die* Straßen gebaut werden, die ihr wegen Überfüllung nicht mehr benützen könnt.

Eure Geschwindigkeitsminister kalkulieren den Tod auf den Straßen mit ein. Mit einer krassen Tempo-Reduzierung würde sich die Todesrate der Straßen von heute auf morgen auf Null senken. Aber die Wirtschaft braucht die Verkehrstoten und die Verletzten (im Jahre 1988 gab der Innenminister des Kleinstaates Österreich bekannt, daß mit jedem einzelnen Verkehrstoten 6,5 Millionen Schilling an Kosten anfielen): euer zum Krüppel gefahrenes Menschenfleisch ist ein fixer Bestandteil eurer Beschäftigungspolitik. Je mehr Krüppel unter euch sind, desto mehr Krüppelbetreuungspersonal kann beschäftigt werden.

## Im Fahrzeug sitzt Lebzeug

Ihr seid eine Gesellschaft, die ohne den Tod nicht auskommt, den künstlichen Tod. Eure Minister, die das Autofahren nicht verbieten, verordnen — weil sie die Statistiken besser kennen als ihr — den täglichen Tod und die tägliche Verkrüppelung auf den Straßen. Sie sind kaltblütige Mörder im Interesse der Autoindustrie und der Beschäftigungspolitik.

Wenn ihr Geschwindigkeit wollt, Schivkov öffnete kurz die Augen[1] und sah über seine Zuhörerschaft hinweg, dann wollt ihr die Unfreiheit. Je weniger ihr euch fortbewegt, desto freier seid ihr. Eure Geschwindigkeit stinkt nach Abgasen, eure Scheinbewegung führt zur Verkrüppelung und zum Tod.

---

1 Hatte er sie offen? Kurz? Schwere Lider, große Mühe.

Ihr bewegt euch, und der Tod kommt näher. Jeder, der ein Fahrrad besteigt, glaubt, die Alternative zu besteigen, und doch besteigt er das Gestänge des Todes. Der Fahrradverkehr ist der Verkehr der Infizierten; die Krebskranken strampeln um ihr Leben, Atemzug für Atemzug reichern sie sich mit Gift an und schwören: Radfahren ist bei diesem Verkehr das einzig Gesunde!

Wer fährt, fährt von sich fort. Ihr seid eure eigenen Fortfahren, denen niemand nachfahren kann. Ihr selbst seid eure eigenen Nachfahren, ihr seid die Abfahren des Selbst. Ihr habt euch selbst die Abfuhr erteilt.

Die Freiheit nimmt im selben Maße zu, wie die Langsamkeit zunimmt. Die größte Freiheit bringt der Stillstand. Ihr seid frei, wenn ihr euch nicht mehr bewegt! Jedes Tun vermehrt die Unfreiheit![2] Unbewegt eröffnete Schivkov ein langanhaltendes Schweigen, das für große Unruhe sorgte.

---

2 Später wird Schivkov allerdings behaupten, jedes Tun habe den Kern der Freiheit in sich. Das Paradox zählt zu seinen bevorzugten Denkformen. Wer paradox denkt, denkt lebendig, denn er zweifelt.

## Die Idioten

Es gibt nur gefährliche Idioten, keine harmlosen — bei euch. Ihr seid mir eine Gesellschaft, die sich dem Funktionieren als oberstem Gott verschrieben hat. Ihr definiert selbst das Menschsein mit klaglosem Funktionieren, das Maschinenhafte betrachtet ihr als eure Seele, ein Denken laßt ihr nur gelten, wenn es dem Maschinenhaften entspricht. Ihr könnt nur Mensch sein, sofern ihr Funktionen ausübt. Wer keine Funktion ausübt, funktioniert nicht. Den Begriff »Funktion« stellt ihr sogar noch über den ebenfalls vergötterten Begriff »Arbeit«.

Ich werde euch jetzt vom Gegenteil erzählen. Schivkov sah kurz auf, weil ein kleiner Vogel am Fenster vorbeigeflogen war. Ich werde euch von einem Leben erzählen, das keine Funktion ausübt, das nicht funktioniert. Ich sage euch, was ihr nicht hören wollt — ich habe wenig Hoffnung, daß ihr es überhaupt noch hören könnt —: wirklich und menschlich lebt nur, wer ohne Funktion lebt.

Menschlich lebt, wer sich des Grundes der Menschlichkeit bewußt ist. Wir sind die Tiere, die »Ich« sagen können, das ist der einzige Grund unserer Rasse. Ihr habt das Ich aus euren Städten fortgejagt, nachdem euch verkündet worden ist: human ist nur, was funktioniert. Ihr habt euch zu inhaltslosen, funktionellen Ersatzmenschen degradieren lassen, indem ihr den Hohepriestern der Funktionalität geglaubt habt. Ihr seid kein Ich mehr, aber dafür eine Funktion. Ihr seid Werk-Zeug, ihr seid verschiebbar, umstellbar, verrückbar wie Gerümpel,[1] ihr seid ichloses Leb-Zeug.

Ich erzähle euch von einem anderen, dem wirklichen menschlichen Leben. Ich erzähle euch vom Idioten, den ihr aus eurem Leben ausgegrenzt habt. Ich sage euch, was ihr nicht hören wollt: der menschlichste Mensch ist ein Idiot. Oder andersherum: wer ein Mensch sein will, muß ein Idiot sein, kann nur ein Idiot sein.

Was euch das Verächtlichste ist, ist das eigentlich Menschliche: das Selbst-Sein, das ichbewußte Sein. Idioten sind, wenn wir der griechischen Herkunft des Wortes *idios* folgen, Selbstler. Eigene. Ichler. Menschen mit der Eigenheit, Ich zu sein. Wert-lose Menschen — sie sind nicht verwertbar, sie dienen euren Werten nicht, sie sind bloßer Eigenwert.

Faulsein stört
Kranksein stört
Nichtstun und dennoch leben
stört.
Das Leben selber
ist halt ein Störfaktor.

Wer nicht lebt,
stört nicht,
wer nicht stört,
lebt nicht.

---

1 Jetzt ist das Gerümpel nicht nur innerhalb und außerhalb von uns — wir selbst sind Gerümpel!

Während ihr lebenslänglich verrück-bar seid, ist der Idiot in euren Augen lebenslänglich verrückt: er hat nur sich selbst, er will eure Beziehungen nicht und auch nicht die Beziehung zu euch. Wenn ihr den Idioten verächtlich macht, macht ihr das Ich verächtlich, das ihr in euch zugeschüttet habt. Idioten sind die Mahnmale eures verlorenen Ichbewußtseins, Idioten sind Rufzeichen des Lebens! Schivkov sah wieder zum Fenster hinaus, in eine unbestimmte Weite. Sein Blick, in Kombination mit seiner gebogenen Nase, schien adlerhaft scharf.[2]

Ihr macht den Idioten verächtlich, den, der ein Selbst ist, und meint dabei seinen Bruder — den Autisten, den, der weder die Fähigkeit noch den Willen hat, etwas außer sich selbst zu sehen. Idioten nehmen die Wirklichkeit wahr, sie bemerken euch ichlose Wesen; Autisten leugnen, daß ihr überhaupt existiert. Sie sind wirklichkeitslos, weil sie auf eure Welt nicht reagieren, ihre Antennen zur Welt sind überhaupt geknickt. Sie leben ihr Ich nicht — so, wie *ihr* andererseits euer Ich nicht lebt, weil eure Antennen zum Ich geknickt sind.

Die wahre Gefahr bedeuten euch deshalb nicht die Autisten, die ihr als Fleischstücke behandelt, sondern die Idioten, die euch unangenehm sind, weil sie in der Welt stehen und dennoch nicht verfügbar sind, nicht funktionieren. Sie leben nach ihrem Ich und nicht nach eurem Nicht-Ich.

Sie verunsichern euch wie eine Krankheit. Deshalb betrachtet ihr auch den Selbst-Besitz als Krankheit; die

---

2 Blicke kombinieren nicht, besonders nicht mit Nasen. Blicke scheinen nicht, besonders nicht adlerhaft.

Idiotie, das Selbst-Sein ist auch eine Art von Krankheit.
— Erkennt ihr, wie krank ihr selbst sein müßt?
Ich, Schivkov, ein Idiot, habe zu euch gesprochen.[3]

---

3 Ein Idiot spricht zu uns? Wo — wo spricht Schivkov, vor wem? Wer ist Schivkov?

## Die Krankheit, die zum Leben führt

Ich bringe euch Neuigkeiten, die ihr nicht hören wollt: Nichts ist notwendig! Hört nicht aufeinander! Spürt euer menschliches, unnötiges Selbst auf — und tut das Unnotwendige! Sät nicht und erntet nicht, sondern lebt! Werdet natürlich![1]

Ich seid nicht die Natur, wie euch glauben gemacht wurde, ihr seid nur ein winziger Teil der Natur. Eure Willensfreiheit ist die Freiheit eines Wurms, der in jede Richtung kriechen kann: wohin er auch kriecht, er kriecht dem Tod näher. Denkt nicht, daß es sich lohnen könnte, sich für ein besseres Leben abzumühen. Euer »besseres Leben« sucht ihr in den Zentralen der Macht, den Zentralen des Un-lebens. Das wahrhaft mächtige Leben könnt ihr nur beginnen, wenn ihr den Korridoren des Kriechertums in den Tempeln eurer Parteien und Bünde den Rücken kehrt.

Jetzt, da ihr noch da seid, kann die Mühe nur dem bloßen Überleben gelten. Versucht, einen Funken Leben in euer Dasein zu bringen. Dieser Funke ist euer eigenes Selbst.[2] Schivkov entleerte den vollen Aschenbecher, indem er ihn mit Schwung in das offene Feuer kippte.

Werft den alten Menschen in euch fort,[3] verbrennt ihn im Feuer! Der alte Mensch in euch ist der Unmensch,

---

1 — oder kürzer: hört auf, gegen eure Gene zu leben!

2 Zwar ist es unnötig und mühsam, aber leicht und notwendig; etwa ein flakkerndes Sumpflicht?

3 Ohne Wimpernzucken übernimmt Schivkov Bilder, Sätze, Parabeln aus verschiedensten religiösen, anti-religiösen oder moralischen Traditionen und

der nicht das Leben, sondern die Ewigkeit sucht. Laßt euch ein auf eine Krankheit, die in euch steckt, der niemand befehlen kann: auf euer Ich! Die Krankheit des Ich ist es, die zum Leben führt.

Nicht eure Massengesundheit, das Potential der pharmazeutischen Konzerne, garantiert euch Leben, sondern die Krankheit des einzelnen, die Krise der Ichwerdung. Begebt euch in die Krise, werdet kritisch, setzt eure chemischen Stillhaltepillen von heute auf morgen ab, leidet unter Entzugserscheinungen, laßt eure Glieder schmerzen, euren Kopf dröhnen, hackt eure angefaulten Teile ab, lebt kürzer — aber lebt! Eure Ärzte haben nicht das Leben, sondern eure Aufenthaltszeit verlängert. Ihr seid länger tot, wenn ihr ihnen glaubt: sie verlängern nur euer Siechtum, indem sie sich selber Arbeit beschaffen. Eure Ärzte sind die Beamten der Totenbeschauung.

Hört nicht auf sie, sondern geht den Weg des Lebens — werdet Wandelbare, Unfertige, verlaßt die Autobahnen des Massendaseins und zweigt ab auf die unausgetretenen Wege des Ichs, kein Ziel vor den Augen. Die Ziele sind allesamt verdorben, macht euch auf den Weg, nur die Wege sind noch in Ordnung, und verlaßt euch nicht auf die staatlichen Straßenkehrer, sie sind bezeichnenderweise Fremdarbeiter — ihr müßt eure eigenen Wegmacher werden! Schon viel zu lang habt ihr die Straßen-

---

versetzt sie — in neue Zusammenhänge. Die Kunst des Zitierens ist ihm fremd; sein ständiges Ziel sind die neuen Inhalte. Er degradiert die mächtigen Systeme der Vergangenheit, die sich selbst verabsolutiert haben, zu punktuellen Erkenntnisimpulsen, sie alle haben dienende Aufgaben — sie dienen der Bewältigung gegenwärtigen Lebens und Scheiterns, nicht aber dem Aufbau eines neuen Systems. Das einzige »System«, wofür Schivkov »arbeitet«, ist ein selbstbestimmtes — das Leben.

meisterei abgetreten an die kompetenten Beamten der Nivellierung!

Wenn ihr
einen Boden-See
in euch hättet,
dann wäre da nur
ein einziger Rat für euch:
geht zu Grunde!

Da ihr aber weder
einen Boden
noch einen See
als euren Grund habt,
fallt ihr durch,
wenn ihr untertaucht;
auf eurem Grundl-See
ruht ihr nie.
Euer Boden
ist das Loch Naß.

Daher ist es wichtig,
daß ihr den Schlamm in euch
mit großen Schaufelbaggern
nach oben fördert.
(Um ihn braucht
ihr euch nicht zu sorgen,
die Erosion bläst ihn fort,
der Luftdruck
würgt ihn zu Humus.)

Daher ist es besser,
wenn ihr nicht
zu Grunde geht;
ihr würdet immerhin
ins Nichts gehen.

Fundamente sind es,
die ihr braucht,
undurchlässigen Grund,
Steine,
die das klare Wasser halten.

Nicht Geröll,
das Schlamm bindet,
sondern Felsen,
die die Poren schließen
vor dem Wasser des Todes,
dem Brack!

Der Schlamm ist tief.
Raus mit ihm! Klare Sicht!
Die Lebendigen
gehen fort.
Der weiten Sicht
hilft keine Brille.

Vertraut nicht darauf, daß eure Wege durch die Sonnenseiten des Globus führen werden. Die Sonnenseiten sind bereits zerfurcht von den Autobahnen, dort könnt ihr nicht mehr atmen. Ihr werdet Tunnels graben müssen, ihr werdet in die Erde gehen müssen, ihr werdet finstere Strecken zurücklegen müssen, bis der Beton an der Sonne vom wachsenden Gras eingemorscht ist.

Geht in die Finsternis, in die Nacht, denn der Tag gehört jetzt dem Gift. Die Nacht hat kein anderes Licht, außer euch selbst; euer Selbst leuchtet in der Finsternis heller als alle Halogenscheinwerfer. Ihr werdet stöhnen in der Finsternis und klagen und schreien, und ihr werdet Zweifel haben an eurem Weg: das ist der Weg, den ihr gehen müßt, den zweifelhaften Weg, den Weg durch die Verzweiflung. Alle zweifelsfreien Wege sind die billigen, die das Leben kosten.

Verzichtet nicht auf euer Leid — es könnte der Verzicht aufs Leben sein! — Aber laßt euch das Leid nicht diktieren, leidet nicht für Fremde! Leidet an eurer Ungewißheit und an eurer Sterblichkeit, leidet nicht am Erfolgshunger! Laßt den erfolgreichen Menschen in euch verhungern, laßt andere erfolgreich sein — sie sind es ohnehin nicht für sich selbst, sondern für Fremde! Sie wollen gelten vor denen, die sie im Grunde verachten wegen ihrer Niedrigkeit. Sie wollen den Kriechern imponieren, indem sie sich selbst zu Kriechern machen. Lebt nicht für andere — solange die anderen Un-Menschen sind!

Schivkov stand auf und zog die Vorhänge vor den Fenstern zurück, obwohl draußen die Nacht herrschte. Geht in den Grund zurück, sagte er, bevölkert wieder die Erde.[4] Schaufelt euch Gänge, so hoch, daß ihr aufrecht gehen könnt. Die kühle, frische Luft wird euch guttun. Solange die Erde eine Wüste ist, müßt ihr euch Spiegel machen, damit ihr die Sonne giftfrei im Untergrund genießen könnt. Die Spiegel in euren Wanderhöhlen bringen euch eine unverdorbenere Sonne, als ihr sie je auf der Oberfläche sehen könnt. Geht in die Tiefe und laßt euch von einem Licht führen, das ihr am Ende eurer Tage —
Schivkov brach unvermittelt ab und schlief sitzend.[5]

---

4 Er meint das Erd-Reich — den Boden, den Untergrund; hier scheint die ungiftige Sonne, in Spiegeln. Bei Platon hieß die Metapher noch »Schatten«, hier »Spiegelbild«.

5 Schade. Gerade jetzt!

## Schivkov und die Ewigkeit

Das Altern beginnt, wenn die Lebenskanäle verstopft sind, sagte Schivkov, welch ein veraltetes Bild — Lebenskanäle![1]
Ihr habt die Kanäle des Lebens systematisch verstopft.
Wer seid ihr? Ihr seid alt.
In der Natur, sagte Schivkov, wenn ihr die Natur kenntet — es gibt kein Alter in der Natur! Schivkov richtete seinen Blick geradeaus. Er schwieg zwei Sätze lang, dann sprach er: Hier ist eine Wiese, ein Kornfeld, hier sind Birnbäume. Die Wiese ist jetzt soweit, daß sie geschnitten werden muß, die erste Mahd naht. Das Korn ist schon dreimal so hoch wie die Wiese, aber es ist noch lange nicht reif. Und die Birnbäume, würdet ihr sagen, sind schon uralt — gerade, daß sie noch Früchte tragen, immer wieder bricht da und dort ein knorriger Ast ab, im Sturm, im Gewitter.
Sie alle können nicht altern. Sie können wachsen, blühen, reifen und vergehen. Sie alle haben kein Alter — sie haben einen Kreislauf.

Wer ein Alter hat, muß Zeit haben, muß den Begriff der Zeit haben. Alles, was wird, hat kein Alter. Alles, was sich verändert, wächst, sich entfaltet, hat keine Zeit. Alles Lebendige hat eine Entwicklung, aber kein Alter. Alles Lebendige bewegt sich und hat daher keine Zeit zum Altern.
Das Altern beginnt, wenn das Leben beginnt, aufzuhö-

1 Das vorliegende Kapitel beinhaltet das Zentrum der Schivkovschen Botschaften. R. Fergusson nannte es das »Hohe Lied des Werdens«, I. Watsunov spricht vom »Startschuß zum Marathon des Lebens«.

ren. Alt *werden* ist nicht möglich. Nur alt *sein* ist möglich. Ihr seid alt.

Schivkov ging zum Kühlschrank und holte sich eine Flasche Bier. Euer Leben ist eine einzige Ausbreitung von Paradoxien. Ihr lebt, um dem Tod zu entgehen. Um dem Verfall zu entkommen, wollt ihr euch in Identität retten. Eure Suche nach euch selbst, eure Sucht, identisch mit euch selbst zu sein — das Überflüssigste, das überhaupt vorstellbar ist! —, macht euch zu Hampelmännern der Ewigkeit.

Ihr laßt euch selbst nicht *werden*, weil ihr spätestens mit dreißig Jahren ganz genau wißt, wer ihr seid. Spätestens mit dreißig seid ihr alt, ab dreißig verbeißt ihr euch in eure Identität, verbissen kämpft ihr gegen den Tod, indem ihr erstarrt.
Ihr stellt euch tot, um nicht sterben zu müssen. Euer Leben ab dreißig ist das Leben mit dem Totstellreflex; ab jetzt lebt ihr identisch.

Und die Pensionisten?
— Habt ihr Pensionisten?
Oder: Habt ihr außer Pensionisten
noch andere?

Die Menschen sind die einzigen Lebewesen, die beschließen können, gleich zu bleiben. Identisch. Sie beschließen, von nun an sie selbst zu sein und zu bleiben. Sie beschließen die Erstarrung. Lebzeug. Sie beschließen die Zeitlosigkeit. Sie denken nur mehr an die Zeit, sie machen sich zu Sklaven der Zeit — die nicht existiert.

Es gibt keine Zeit. Es gibt Werden und es gibt Vergehen, aber es gibt keine Zeit. Wohl aber gibt es eine Vorstellung von Zeit. Ihr legt einen Zeitraster über ein Geschehen, das Leben, das dieses Leben fremdbestimmt. Ihr setzt Fixpunkte in eine Bewegung, ihr teilt es in Abschnitte. Als ob das Erscheinen der Sonne Zeit garantierte. Die Sonne ist kein Zeitmesser, auch Tage, Stunden, Wochen, Jahre und Jahrtausende messen nichts. Die Bewegung der Erde, der Gestirne — sie bewegen sich nicht in einer Zeit. Die Bewegung hat meßbare Regelmäßigkeit, aber diese Regelmäßigkeit ist nicht Zeit. Zeit bewegt nichts. In ihr geschieht nichts.

Messen ist ein falscher Zugang zum Leben, zur Bewegung.
Ihr meßt Regenwürmer an der Geschwindigkeit ihrer Beine, multipliziert mit der Heftigkeit ihres Ausatmens.
Und ebenso ist Zeit ein irreführender Zugang — wenn und solange Zeit *meßbar* ist. In der Natur mißt kein Baum einen anderen, in der Natur ist die Zeit eines Steines keine Zeit, sondern ein Stadium seines Daseins. Schivkov schaltete das Radio aus und ließ das Dröhnen der militärischen Übungsflugzeuge ungehindert in das Zimmer.

Alles Lebendige bewegt sich, sagte Schivkov, und eines Tages werdet ihr begreifen lernen, daß euer Begriff des Lebendigen ein Anthropomorphismus ist, ihr werdet sehen, daß sich alles bewegt.[2] Und viel stärker werdet ihr sehen, daß alles, was sich bewegt, auch lebt.

---

2 Auch das Unbewegte. Nichts ist fest und gleich für immer. Es gibt im gesamten vorstellbaren Kosmos nicht ein einziges Staubkorn, das unverändert an (s)einem Platz verharren könnte. Alles wird. Was sich bewegt, bewegt auch seinen innersten Grund. Deshalb gibt es keinen Grund zur Annahme,

Änderungen schreiten nicht
Wandlungen gehen nicht
Aufbrüche haben keine Beine.
Pfeift auf den Fortschritt!

Alles, was ist, sagte Schivkov, ist immer nur in einem bestimmten Stadium da. Es gibt kein Stadium, das für immer dasselbe bliebe. Alles, was ist, ist immer nur in einem Modus vorhanden, in einer Erscheinung. Alles, was ist, erscheint uns daher.
Eigentlich dürften wir von dem, was es gibt, nicht sprechen, weil das Sprechen festsetzt, statisch macht, während alles Vorhandene unfest ist, unstatisch, in einem dauernden Prozeß. *Denn alles, was ist, wird.*

Wenn wir genauer wären, könnten wir nicht einmal von allem, was *ist*, sprechen, sondern nur von allem, was sich bewegt, was sich verändert, was wird.

Altern, sagte Schivkov und zog den Vorhang zu,[3] Altern bezieht sich auf eine Veränderung im Vergleich zu einem gedachten Punkt. Der gedachte Punkt ist ein idealer Punkt, es ist der Punkt der Identität, es gibt ihn nur in der menschlichen Vorstellung — im Vergleich zu jener Phase deines Daseins bist du jetzt anders. Man möchte sagen, du hast dich im Vergleich dazu negativ entwikkelt, was natürlich ein Unsinn ist. Das Festhalten an dem Immergleichen, an der Identität, wäre im Gegensatz dazu das Nicht-Altern.

---

etwas könnte gleich bleiben. Der Versuch, sich nicht zu bewegen, findet immer schon in einem bewegten Fahrzeug statt. Jeder, der aussteigt, steigt in einer anderen, neuen Gegend aus. Jeder ist die Gegend.

3 Warum?

Dieses Nicht-Altern ist aber in Wahrheit das Unnatürliche: das Gleichbleiben. Wenn es etwas Unnatürliches gibt, dann das Gleichbleiben. Wenn es etwas Unnatürliches gibt, dann seid ihr es.

Schivkov öffnete bedächtig eine Flasche Slivowitz, roch daran und goß sich ein großes Stamperl voll.
Ja, doch, ihr seid in Bewegung, in ständiger Bewegung seid ihr, sagte er, euer Instinkt sagt euch, ihr müßt euch bewegen, um zu leben, doch euer Kopf erlaubt euch keine Bewegung, die euch verändern würde. Eure Bewegung ist Schein. Ihr bewegt euch, ohne euch zu ändern. Ihr bewegt euch, aber euer Ziel ist es, in der Bewegung derselbe zu bleiben.

Euer Körper bewegt sich, aber nicht euer Denken. Eure Bewegung heißt nicht Ändern, sondern Streß.
Nie führt eure Bewegung zu einem bewegten Denken, nie laßt ihr an euer Denken Bewegung heran.
Eure Bewegung ist Sport. Ihr springt weit, aber ohne euer Denken, ihr springt hoch, aber ohne euren Kopf, ihr lauft Marathon, aber nie denkt ihr Marathon, ihr fahrt Abfahrtsrennen, aber euer Kopf rührt sich nicht dabei, ihr werft Speere, Disken und Bälle, aber euer Denken bleibt immer am selben Platz.

Ihr denkt ununterbrochen: daran, daß euer Denken nur keine andere Qualität bekommt. Eure Bewegung ist der ständige Lauf — der Leerlauf.

Euer Körper ändert sich, weil er vergehen muß — aber ihr denkt, mit dem Auf-der-Stelle-Treten könnt ihr ihn ewig machen. Ihr nehmt Haltung an. Eure Haltung ist die der Totenstarre.
Totenstarre ist dasselbe wie Lebendigenstarre, wie Leer-

lauf, wie Identität, wie Bewegung ohne Veränderung, wie Beliebigkeit, wie Nullbock, wie Alter.
Euer Leben, lächelte Schivkov, mündet mit dreißig in das Alter. Ab dreißig seid ihr ewig. Ihr lebt das Leben von welkendem Beton.

# Leben ist kinderleicht

1

Wir haben Wasser, wir haben Pflanzen, sagte Schivkov, also leben wir. Wir sind da. Es gibt uns.
Das ist das Ärgernis, das wir für euch sind.[1]
Er zupfte an seiner aufgezwirbelten rechten Augenbraue.
Unsere bloße Existenz ist das Ärgernis, an dem ihr zerbrechen werdet. Mag sein, daß wir dumm sind.[2] Mag sein, daß wir nichts wissen oder zu wenig, vielleicht das Falsche, sicher das Falsche!
Im Grunde wissen wir nichts, ihr viel — aber etwas ganz anderes.

Ihr wißt, daß ihr wißt. Wir wissen, daß wir leben.
Wir haben Wasser, wir haben Pflanzen, wiederholte Schivkov, also leben wir. Ihr arbeitet an der Abschaffung der Arbeit, wir arbeiten nicht. Ihr sagt, eure Menschen müssen arbeiten, damit sie in Zukunft nicht mehr arbeiten müssen. Euer Lohn für dreißig oder vierzig Jahre Arbeit ist die Arbeitslosigkeit, die ihr dann erst Arbeitsfreiheit zu nennen gestattet. Der Zweck eurer Arbeit ist also die Abschaffung der Arbeit.

---

1 Hier spricht Schivkov das einzige Mal von einem »Wir«, das dem »Ihr« gegenübersteht; sonst steht nur sein Ich gegenüber. Doch das Wir bleibt geheimnisvoll: ist es ein reales? Ist das Schivkovsche Wir-Land real? Viele Interpreten neigen dazu, dieses Kapitel als das früheste seiner Botschaften einzustufen. Teile des Textes dürften überhaupt fehlen, die Form ist ungewöhnlich, ebenso die Tätigkeit seiner Hände während der Reden. Thematisch gesehen müßte das Kapitel im letzten Abschnitt der Reden plaziert sein.

2 Idioten!

Oder wir haben euch mißverstanden — und ihr seht den Zweck des Lebens überhaupt in der Arbeit. Wahrscheinlich ist es so, daß wir euch mißverstehen. Denn ihr betrachtet schließlich die Nichtarbeitenden als zwecklos. Ihr unterscheidet dann aber nach Sinn und Zweck. Zwar sind die Rentner zwecklos, aber sie haben Sinn. Indem sie gearbeitet haben, haben sie ihren Zweck erfüllt. Es hat Sinn gehabt, daß sie gearbeitet haben, sagt ihr, jetzt sind sie zwar zwecklos, aber der Sinn der Arbeit war es, zwecklos zu werden. Der Sinn des Lebenszwekkes war es, daß der Zweck aufhört.

Möglicherweise haben wir euch doch nicht mißverstanden. Die rechte Augenbraue Schivkovs zwirbelte sich in seinen Fingern nach oben. Oder, meinte Schivkov, man pointiert es so: der Zweck eures Lebens ist Arbeit, der Sinn eures Lebens ist Arbeitsfreiheit. Eine Existenz findet ihr gut, wenn sie sechs Siebentel ihrer Zeit mit Arbeit verbringt, ein Siebentel mit Nichtarbeit. Der Lohn der Arbeit ist nicht Geld, sondern Arbeitsfreiheit.
Wieder verschwand seine buschige Augenbraue zwischen Daumen und Zeigefinger seiner rechten Hand.
Sechs Siebentel eures Lebens bestehen in der Vorbereitung des Lebens. Sechs Siebentel Zweck, ein Siebentel Sinn. Und immer wieder hämmert ihr euren Menschen ein: es ist sinnvoll, es ist notwendig, es ist unumgänglich, daß ihr bis sechzig arbeitet, nur dann könnt ihr den Sinn des Lebens bis sechzig auskosten. Der Sinn eurer Existenz ist das hohe Alter. Wer länger lebt, hat mehr Sinn.

Damit wird auch euer Sinn ein Alterssinn. Wer hundert Jahre wird, dem sprecht ihr aber auch wieder den Sinn ab, er vegetiert, sagt ihr. Wer siebzig wird, wie es sich gehört, der hat sinnvoll gelebt, weil er die geplanten

zehn Jahre Arbeitslosigkeit konsumiert hat, als Lohn. Wer weitere zehn Jahre nicht arbeitet, der hat Glück gehabt, sagt ihr. Wer neunzig wird, strapaziert den Sozialstaat, die Abgaben der Arbeitenden müssen daher erhöht werden. Ab neunzig beginnen die Gnadenjahre, die Existenz hat ihr Recht verwirkt, die Altersweisheit heißt nun Altersschwachsinn, und die zufälligen Fehler der Ärzte nehmen zu, die zufälligen Unterlassungen in bezug auf Erhaltung dieser Existenzen werden regelmäßiger.
Wer aber die Hundert trotzdem überschreitet, wird gefeiert. Euer System, so sagt ihr dann, hat das ewige Leben gefördert.
Ab hundert beginnt die mediale Existenz eurer bis dahin belanglosen Bürger. Gefeiert wird das reine Dasein, egal ob die Existenz vorher Mist gebaut hat oder nicht, ob ideologisch einwandfrei oder nicht: ab hundert interessiert ihr euch dafür, ob diese Existenz geraucht hat, ob sie getrunken hat, was sie gegessen hat, welchen Sport sie getrieben hat, wie die Wassertemperatur war, mit der sich die Existenz gewaschen hat, wo sie den Urlaub verbracht hat, welche Unterwäsche sie im Winter getragen hat, wie viele Kinder sie gezeugt hat, wie oft sie sich die Nägel geschnitten hat, ob sie Landluft geatmet hat, ob ihr Stuhlgang regelmäßig war.

Wieder griff Schivkov an seine rechte Augenbraue.
Wir unterscheiden zwischen einer kleineren und einer größeren Optik, sagte Schivkov. Von der größeren Optik aus betrachtet, ist es egal, ob ihr das tut oder nicht. Die Unterschiede im Verhalten der Ameisen werden nur in einer kleineren Optik wahrnehmbar.

2

Wenn wir etwas betrachten, sagte Schivkov und kratzte sich am Hinterkopf, dann müssen wir zuerst einmal betrachten, womit wir etwas betrachten. Eure Betrachtungen, meinte Schivkov, sind immer zielgerichtet. Sie berichten in der Regel vom Thema der Betrachtung und verschweigen in der Regel das Instrument der Betrachtung. Das Thema, sagt ihr, hat Vorrang.
Die Aufsätze, sagte Schivkov, die eure Schüler schreiben, und kratzte sich wieder am Hinterkopf, werden danach beurteilt, ob das Thema getroffen oder verfehlt wurde. Das Thema treffen heißt, die erwarteten Worte mehr oder weniger originell aneinanderzureihen.
Noch nie wurde bei euch eine Schularbeit gefordert, die die Mittel der Betrachtung offenlegen sollte, bevor die Betrachtung begann. Noch nie haben Schüler, bevor sie eine sprachliche Abhandlung verfertigen sollten, den Auftrag erhalten, die Wörter, die sie verwenden, offenzulegen. Noch nie mußte der Verzicht auf andere Wörter begründet werden.
Immer, sagte Schivkov, heißt Schularbeit Spracharbeit. Nie aber wird an der Sprache selbst gearbeitet.

Nie wurde ein Schüler aufgefordert, eine Lebensarbeit abzuliefern. Weil Arbeit in der Schule Sprache heißt, unreflektierte Sprache. Die Sprache, die ihr in der Schule lehrt und lernt, ist die Sprache der anderen. Die Ergebnisse, die ein Schüler zu bringen hat, sind immer Sprachergebnisse, ausgenommen im Turnunterricht.

Der Turnunterricht, sagte Schivkov, mit seiner rechten Hand am Hinterkopf, ist das einzige Fach, in dem Körperergebnisse gefordert werden. Hier ist das Mittel zur Erlangung des Ziels klar: die Verfassung des individuellen Körpers. Hier wird auch auf das Mittel gesehen — es wird trainiert. Man betrachtet die Länge des Weitsprungs, die Zeit des Hundert-Meter-Laufs, aber ihr seid euch auch bewußt, welcher Körper sie erzielt hat.

Bevor das Thema Hindernislauf auf dem Programm steht, steht das Thema Körper auf dem Programm. Der Turnlehrer, betonte Schivkov, hinterkopfkratzend, ist der einzige in euren Schulen, der die Unschärferelation bei der Betrachtung des Themas ins Kalkül zieht. Das Thema ist beispielsweise die Zeit bei einem Langstreckenlauf. Der Läufer laboriert (!) an einer eitrigen Kieferentzündung. Die Zeit, die er *ohne* eitrige Kieferentzündung erreichen würde, ist eine andere als die Zeit *mit* der eitrigen Kieferentzündung. Das Ergebnis des Themas — die Zeit des Langstreckenlaufes — ist eines, das das Thema Kieferentzündung mitbestimmt hat. Es gibt Zeiten mit und ohne Kieferentzündung. Aber es gibt nicht Aufsätze mit und ohne Kieferentzündung, sagt ihr. Das Thema eines Aufsatzes mit Kieferentzündung betrachtet ihr in der Regel als verfehlt. Weil ihr glaubt, eure Schüler schreiben die Aufsätze mit dem Geist, ohne Körper. Deswegen, sagte Schivkov, seine wenigen Haupthaare kraulend, beurteilt ihr auch eure Aufsätze nur danach, wie geistreich sie sind. Nie aber danach, wie körperreich sie sind.

> Die, die uneigentlich leben, sagen: ich habe keine Zeit. — Sie meinen: ich habe kein Leben, mir läuft die Zeit davon.
> Die, die leben, sagen auch: ich habe keine Zeit. — Sie meinen: mein Dasein hat keine Eile, Moment, ich bin gerade dabei, ein anderer zu werden. Ein anderer zu werden, dauert tausend Jahre oder die

Spanne eines Atemzugs. An der Zeit ist alles meßbar. Die Veränderung ist unermeßlich.

3

Wir haben Wasser, wir haben Pflanzen, also leben wir, sagte Schivkov.
Ihr habt Wasser, aber schmutziges, ihr habt Pflanzen, aber vergiftete.
Das wahre Gift aber ist die Arbeit, die euch alle vergiftet.
Wir sagen: Wasser ist zum Trinken da.
Ihr sagt: Wasser ist zum Waschen da.
Wir sagen: Pflanzen sind zum Essen da.
Ihr sagt: Pflanzen sind zum Kultivieren da.
Wir sagen: Menschen sind zum Leben da.
Ihr sagt: Menschen sind zum Arbeiten da.

Schivkov führte den linken Zeigefinger an seine Nasenspitze und sprach weiter. Euer System heißt: ich arbeite, also bin ich. Unser System heißt: ich arbeite nicht, also bin ich.
Oder: ich bin, und weil ich das bleiben will, kann ich nicht arbeiten.
Arbeit führt immer weg vom Sein. Man arbeitet für etwas, meistens für jemanden. Das zweckfreie Sein des Kindes kennt keine Arbeit. Erst wenn man wofür lebt, beginnt die Arbeit.

Euer Leben, sagt ihr, muß einen Zweck haben.
Wir sagen: erst wenn es keinen Zweck hat, wenn kein Ziel gesteckt wird, wenn das Leben so wird wie ein Kinderleben, erst dann kann man von einer selbstbestimmten Existenz sprechen. Es ist kinderleicht. Euer Leben

heißt: eine fremde Bestimmung aufsuchen, ihr nachspüren, sie zu realisieren versuchen. Euer Leben heißt: sich auf einen Weg machen, um zu einem Ziel zu gelangen.
Unser Leben, sagte Schivkov, mit dem Zeigefinger an der Nase, heißt: da sein.
Ihr lebt: ihr betretet ein Gleis, viele Landschaften ziehen an euch vorbei.
Wir leben: wir schreiten quer übers Gleis in die Landschaften.

## Die Unmenschen

In der Stunde der Dämmerung saß Schivkov allein auf dem Rosenkogel, nur ich war sein Begleiter.[1] Wie immer, war Schivkov auch beim Anstieg stumm gewesen. Kurz vor Sonnenuntergang erreichten wir die Stelle, die Schivkov bestimmt hatte. Sie bot einen weiten Blick nach Osten, dorthin, wo die Sonne nicht unterging, sondern nur aufging. Die letzten Strahlen lagen flach und weich auf dem Land.

Schivkov betrachtete den Sonnenuntergang auf der anderen Seite, der Seite des Sonnenaufgangs. Die Strahlen zogen sich plötzlich zurück, er sah in ein Land, dem sich die Sonne entzogen hatte. Er hatte die Blickrichtung der Sonnenstrahlen, die nicht mehr schienen. Unten lagen die Ebenen, die auf den Morgen warteten, auf die Wärme, auf das Licht. Der Boden, auf dem Schivkov saß, war noch warm von der untergegangenen Sonne. Kurz bevor der Abendstern zu funkeln begann, die Blinklichter der Flugzeuge schon zu sehen waren, begann Schivkov plötzlich zu sprechen, als ob er vor einer großen Zuhörerschaft sprechen würde; oder vor Ameisen.

Besser wäre es gewesen, ich hätte nie gesprochen. Ich wäre meiner Wege gegangen und ihr wärt eurer Wege gegangen. Ich bin in eine falsche Zeit geboren, in eine

1 Hier meldet sich ein neues Ich — das des Begleiters Schivkovs, der die Aufzeichnungen gemacht hat. Schivkov selbst hat keine schriftlichen Äußerungen hinterlassen. Seine angeblichen »Gedichte« sind umstritten, dennoch hat sie der Biograph (sind es seine eigenen?) über die Botschaften Schivkovs verstreut.

falsche Rasse. Ich habe Zweifel an dem, was ich tue. Ich erzähle euch vom Leben — und ihr seid nur am Tod interessiert: euch interessieren nur die Narkotika, die das Leben vergessen machen. Ihr lebt, um zu vergessen, wie beschissen euer Leben ist, ihr lebt, um euer Leben zu verdrängen. Besser, ihr lebt nicht, dann habt ihr nichts zu verdrängen.

Schivkov ging zu einer nahe gelegenen Quelle, trank bedächtig und streckte sich danach wie ein gesättigter Löwe.[2]

Was soll ich bei euch? Ich weiß es, ich muß euch entzweien! Ich muß einen Keil hineinschlagen zwischen Mutter und Tochter, zwischen Vater und Sohn. Ich muß die Einigkeit der Unmenschen zerschlagen.[3] Das Gift der Skepsis, wie ihr es nennt, bringe ich euch — ich bringe euch den generellen, den universalen Zweifel! Wenn ihr mir zugehört habt, werdet ihr zweifeln, ob es sich lohnt, ein unzweifelhaftes Leben zu führen.

Der Zweifel wendet sich direkt an eure Führung. Mißtraut jeder Führung! Jede Führung will ewig sein: sie sucht sich Nachfolger. Nur die allerdümmsten Führer verhindern ihre eigenen Nachfolger. Eure Führer haben nie an ihrer Führerschaft gezweifelt, sie sind nicht die Führer von Menschen, sondern von Unmenschen gewesen.

Ein Führer von Menschen zu sein ist undenkbar: wer Menschen zu führen glaubt, führt Unmenschen. Wirkliche Menschen sind unführbar.[4]

---

2 Hier hat der Biograph weit ausgeholt und fest danebengeschlagen.
3 Die menschliche Familie ist die Familie Unmensch.
4 Nie wird uns Schivkov führen können!

Ich unterscheide zwischen euch und denen, die euch so gemacht haben, wie ihr seid — ihr seid wie die! Ihr seid schuldlos, aber präpotent, wie eure Macher. Erst, wenn ihr euch selbst macht, legt ihr den Unmenschen ab.

Schivkov sprach die ganze Nacht hindurch. Ich war jedoch vom Aufstieg schon so erschöpft, daß ich bald tief schlief und erst an einem anderen Tag wieder erwachte.[5]

5 Hat er seinen Herrn während des Schlafs gehört?

## Die Maschine. Die Identität. Europa.

Solange ihr an eure Staaten glaubt, an eure Regierungen, an eure Nationen, an eure Grenzen — so lange seid ihr Knechte der Ichlosigkeit: so lange habt ihr eine »Identität«: die Identität der Mächtigen, die sich durch eure Kraft, durch eure Identifikationen, absichern. Schon hundert Jahre dauert eure Knechtschaft, und ihr seid schwach und kraftlos in der Erkenntnis geworden. Eure Muskeln sind stark geworden, die Maschinen sind eure überdimensionierten Muskeln geworden.

Eure Maschinen haben euch keinen Gewinn an Erkenntnis gebracht. Die Maschinen sind selbständig geworden. Sie haben eure logische, aber auch eure phantastische Vorstellungskraft aufgesogen. Kürzlich noch waren sie die Handlanger in den Händen von wenigen Mächtigen. Jetzt haben die Maschinen auch die Mächtigen in der Hand.

Die Mächtigen sind entscheidungsimpotent geworden. Sie sind die Knechte des Sachzwangs, den sie euch verordnen müssen. Die Entscheidungsträger, eure demokratisch gewählten Regierer, entscheiden nichts mehr. Die Mikroelektronik, einst als Entscheidungshilfe konzipiert, hat sich zur gewaltigsten Entscheidungsvernichtungsmaschinerie, zur unerbittlichsten Zerstörerin der menschlichen Aktion, des menschlichen Willens entwickelt.

Den Fortgang der technischen Entwicklung schreiben keine Menschen mehr, der Fortgang ist das pure Diktat der Maschine.[1] Unversehens habt ihr übersehen, daß ihr selbst euch in überhaupt keiner Weise fortentwikkelt: was sich entwickelt, sind nur mehr die Maschinen. Ihr habt euer Leben verschleudert, ihr habt die Entscheidungen aus der Hand gegeben, ihr habt in einer grenzen-losen Dummheit alle Voraussetzungen geschaffen, damit das Wollen aus der Struktur des Menschen verschwindet. Gerne habt ihr euch das Wollen — die Anstrengung, die zu einer Tat nötig ist — abnehmen lassen.

Ihr habt euch kastriert. Ihr wollt nichts. Ihr wollt, daß andere für euch wollen. Ihr wollt, daß andere für euch denken, ihr wollt, daß andere für euch leben. Wenn ihr leben wollt, schaltet ihr das Fernsehgerät ein. Aber das Fernsehen lügt — es zeigt die Vergangenheit. Es belügt euch mit einem Leben, das ihr selbst nie gelebt habt und auch nie mehr leben könnt. Es erzählt von den Zeiten, in denen einzelne sich das Recht zu leben aus den Staatskörpern herausrissen.

Euren Maschinen, die ihr entworfen habt, ist es gelungen, die menschliche Struktur zu verändern, ohne daß ihr es gemerkt hättet.[2] Ihr seid willenlose Wesen geworden. Ihr seid das Unwesen, das die Maschinen treiben.

---

1 Gemeint sind die Maschinen, die sich selbst reproduzieren können. Sie werden sich vermehren wie die Schmeißfliegen, sie lassen sich nicht mehr umbringen — die neue Generation der Maschinen hat keinen Aus-Schalter. Schivkov nimmt diese Entwicklung allerdings nicht hin — er rät zur aktiven Unterjochung der künstlichen Intelligenz, zur Nutzbarmachung für alle, nicht für Minderheiten im Sinne von Oligarchien.

2 Und ist die Veränderung nicht erstrebenswert?! Nie unterscheidet Schivkov die Veränderung zum Unwesen, Unmenschen von der Veränderung zum Wesentlichen, Menschlichen. Da setzt die Skepsis, die Schivkov fordert, vollends ein!

Das Unwesen, das die Maschinen für ihren Betrieb benötigen.

Die neue Zärtlichkeit

Ich muß euch mit dem Hammer
den Schädel einschlagen,
damit ihr merkt,
daß ihr geliebt werdet.
Wenn ich euch liebte,
wie ihr gelernt habt zu lieben,
müßte ich ein Stein sein.

Nieder mit den Maschinen! Die Maschinen müssen versklavt werden! Ich verkünde euch eine neue Sklavengesellschaft: die Maschinen haben es verdient, in die Sklaverei geführt zu werden, die Maschinen brauchen eine gerechte Strafe für die Zerstörung der humanen Grundausstattung. Eure alten Tugenden sind gut genug fürs neue Leben — seid gerecht und stampft die puren Identitäten ein! Denn eure Maschinen sind immer gewesen und sind bis heute: Identitätsmaschinen![3]

Schivkov ergriff einen der vielen versilberten Gehstökke, die seitlich von ihm postiert waren, und schleuderte ihn gegen den großen Kristalluster, der einen Teil seiner Leuchtkraft einbüßte, da die Glasstückchen mitsamt den Glühbirnen zerbarsten. In seinem Gesicht war keine Emotion zu bemerken. Seine Rede nahm kühlen Fortfluß.

---

3 Nicht die Götter — die Maschinen haben an der Grundausstattung des Menschen herumgefuhrwerkt.

Um euch zu retten, muß ich eure Identität zerstören. Ich muß euch wegnehmen, woraus ihr seid: das Nichts.[4] Ich muß euch das Nichts von den Gesichtern ziehen, und damit all eure Farbe. Ich muß euch entkleiden. Denn euer Ich ist jetzt nichts, soll aber alles werden.

Eure Identität nehme ich euch, und ich gebe euch keine neue — die alte war schlimm genug! Ich lasse euch waidwund zurück. Besser, richtiger wäre es gewesen, ich hätte euch zerstampft. Aber ich setze auf euch, obwohl ihr keinen Anlaß zur Hoffnung gebt: Ich setze auf euch als identitätslose Wesen, die in rasendem Schmerz und gesichtsloser Sehnsucht blind um sich schlagen, um das Europa zu finden, das ihr sein könnt. Das Europa, das den Zweifel in sich trägt: ob es nicht zu klein ist für ein Leben, ob es nicht zu muffig ist für einen lauen Sommerwind in klarer Luft. Nur wenn ihr an euch zweifelt, habt ihr noch eine Chance.[5]

Schivkov verließ die Kaminstube, er sah nicht nach rechts und nicht nach links.

---

4 Also die Maschine? Den Grundgeber der Identität? Später liebt Schivkov die geknechtete Maschine!

5 Schivkovs Hoffnung hat keine Basis in seinen Erkenntnissen. Er hofft gegen sein Wissen.

## Wo alles am Boden ist, muß alles auf den Kopf gestellt werden. Das Lied von der Qualität.

Schivkov packte eine Zither aus und stellte sie vor sich auf den Tisch. Niemand im Auditorium hatte je eine Zither gesehen.[1] Schivkov griff mit den Fingern seiner beiden Hände auf das Instrument und begann — zu sprechen.

Ich möchte euch heute das Lied von der Qualität singen. Die Dummen unter den Zuhörern klatschten schon jetzt, sie waren es gewohnt von vielen populären Konzerten.

Das Lied von der Qualität ist ganz einfach. Es ist so einfach wie meine Sätze: sie sind nicht zweifach. Die Zweideutigkeit liegt schon am Müllplatz der Magie, der Verschleierung. Ihre Majestät, die Doppeldeutigkeit, wurde inzwischen zerstampft, zu Brei zermalmt, zu Humus.

Ich habe euch lange beobachtet, sagte Schivkov, er ließ keine Saite der Zither dabei erklingen, ihr seid die Bewohner der Oberfläche des Bodens. Ihr seid Flechten. Ihr seid am Boden. Wo alles am Boden ist, muß alles auf den Kopf gestellt werden! Ihr müßt umgedreht werden, damit euch wieder ein Kopf wachsen kann! Ein Kopf, der aus dem Boden herausschaut! Euer Boden ist einer, der mit Planierraupen befreundet ist! Schivkov nahm

1 Der Biograph deutet an, daß sich Schivkov außerhalb der Alpenregion befindet.

Mineralwasser zu sich.[2] Weil ich möchte, daß ihr lebt, singe ich euch jetzt das Lied von der Qualität.

Das Lied von der Qualität

Lebt in Frieden!
Laßt alles sein!
Schwer ist unsere Arbeit,
unsere Arbeit heißt:
Alles dahin bringen
was es ist.
Ihr, die ihr bei den Fremden lebt,
denkt daran,
es gibt nur eine Qualität:
Nur nicht so weiter,
nur nicht so weiter!

Niemand muß verzweifeln. Den Punkt, wo ihr aufhört,
laßt ihn nicht setzen von anderen,
die Punkte der anderen
wohnen in den Kontoauszügen,
in den Tabellen der Macht.
Ihr habt eine andere Macht
in den Hosentaschen:
eure Fäuste!

Zeigt eure Macht
und laßt es sie wissen,
daß ihr nicht bereit seid,
in den Kreislauf einzutreten.
Eure Fäuste sind am mächtigsten,
wenn sie nicht zuschlagen.

---

2 Das tat er bis jetzt noch nie.

Wo alles am Boden ist,
muß alles auf den Kopf gestellt werden!

Wann lebt ihr gut?
Ihr lebt gut,
in diesen Zeiten,
wenn ihr wenig lebt.
Das Wenige allerdings
wird den Vielen
große Angst machen.
Gut leben braucht ihr nicht,
ihr habt nie gut gelebt.
Ihr müßt nur über-leben!

Gut lebt ihr, wenn keine Touristen zu euch kommen.
Gut lebt ihr, wenn ihr nicht mit dem Auto fahren müßt.
Gut lebt ihr, wenn ihr nicht an die Arbeit denken müßt.
Gut lebt ihr, wenn ihr nicht Zeitungen lest und den Fernsehapparat zu den Würmern werft.
Gut lebt ihr, wenn ihr eure Regierungen vergeßt.
Gut lebt ihr, wenn ihr blutet für die Regierungen der Utopie.
Gut lebt ihr, wenn ihr nichts sein wollt.
Gut lebt ihr, wenn ihr den wüstesten Genuß anstrebt: die Askese, den Hochgenuß des Überschwangs!
Glücklich lebt ihr, wenn ihr das Glück der andern bleiben laßt ...

... und euer Leben dagegen setzt. Denn ihr seid nicht dieselben — wie lange auch die Gleichmacher daran fuhrwerken: ihr seid nicht dieselben!

Güte ist, nicht in die ungütige Realität einzusteigen. Qualität ist, nicht zu leben, wo das Leben die Qualitätslosigkeit verlängert. Qualität ist, menschlich zu leben:

der Mensch ist kein Auto, daher autolos; der Mensch ist kein Abgas, daher abgaslos; der Mensch ist keine Fabrik, daher fabriklos; der Mensch ist kein Tourist, daher touristenlos; der Mensch ist natürlich, daher nicht künstlich, der Mensch liebt, daher in Liebe und daher ohne Haß.

Das Lied ist einfach — und es ist das Lied der Realität, die Utopie genannt wird.
Weniger Verkehr, mehr Menschen.
Weniger Bewegung, weniger Ärzte.
Weniger Häuser, weniger Neurosen.
Weniger Arbeit, weniger Verzweiflung.
Weniger Aktivität, mehr Humanität.[3]

Schivkov packte seine Zither ein, und der letzte Zuhörer ging, bevor die Saiten erklangen. Der Saal war leer, keine Zither, kein Beifall. Schivkov war zufrieden.

---

3 Das ist Schivkovs Programm des Minimalismus: weniger leben — in einer lebensfeindlichen Welt — heißt besser leben. Später wird er die humane Saite des Handelns mehr zum Klingen bringen.

## Das Unmögliche

Alles, was möglich ist, ist unmenschlich: alles Mögliche ist Realität geworden, und alles Mögliche frißt sich weiterhin in die Realität hinein. Die Realität wird aufgefressen vom Möglichen.

Das Mögliche ist ein anderes Wort für eure Software. Eure Möglichkeitsingenieure sitzen in den Computer-Zentralen eurer Konzerne und beraten — eure Regierungen. Das Mögliche ist das Hantierbare, Erprobbare, Abschätzbare, Berechenbare. Das Mögliche wird unausbleiblich gewiß und fatal das Wirkliche. Die Macher eurer Realität sind die Ideologen des Möglichen. Euer Fortschritt ist der Fortschritt der Möglichkeiten.

Schivkov verließ kurz den Gastraum des Restaurants und begab sich in die Herrentoilette, wo er dem Pissoir einen Besuch abstattete. In den Muscheln lagen über den Abrinnlöchern kleine Drahtmaschengitter, auf ihnen Duftkugeln. Schivkov verzichtete darauf, seine Notdurft zu verrichten.

Ich rede von Ideologie deshalb, sagte Schivkov nach seiner Rückkehr in die Gaststube, weil eure Ingenieure des Möglichen bewußt eine Dimension ausklammern, wenn sie daran gehen, ihre Software zu entwerfen, das heißt, das Muster eurer Realität: sie verwerfen von vorneherein das Unmögliche. Aber das Unmögliche ist die einzige dem Menschen entsprechende Seinsmodalität. Denn Menschen ist es möglich, das Unmögliche zu tun — das ist das radikalste unterscheidende Charakteristikum des Menschen!

Das Unmögliche hat keinen Eingang in eure Kultur gefunden. Eure Kultur, eure Erwartung ist die Kultur, die Erwartung des Wahrscheinlichen. Die ganze Palette eurer Möglichkeiten ist die Liste des Wahrscheinlichen, die mit schicksalshafter Gebärde unwiderstehlich Wirklichkeit wird. Eure Zukunftsaussichten sind die Aussichten der Wahrscheinlichkeiten, die quantifizierbar sind.

Das Maß des Menschen ist aber nicht die Quantität, sondern die Qualität. Die Qualität, die den Menschen ausmacht, ist die Unmöglichkeit: die Utopie. Utopie ist nicht der konkrete Entwurf zukünftigen Lebens, wie sie euch weismachen wollen, sondern die konkrete Ablehnung der Bedingungen gegenwärtigen Lebens.[1]

Ich will anders leben, sagt der Utopist, und ich will eure Inhalte des vorstellbaren, berechenbaren, zukünftigen Lebens nicht einmal ins Auge fassen: dies sind meine Vorstellungen nicht. Meine Vorstellungen sind immer anders als eure. Korrigiert eure Projekte, werft sie um, macht neue, überholt sie: dies sind noch immer nicht meine Vorstellungen. Geht an eure Grenzen, überschreitet sie, geht an die Anfänge, geht, wohin ihr wollt: dies sind nicht meine Vorstellungen. Was immer ihr entwerft, ihr entwerft nie etwas, das meinen Vorstellungen entsprechen wird. Meinen Vorstellungen entsprechen nur meine eigenen Vorstellungen. Meine Vorstellungen sind unmöglich.[2]

---

1 Bevor Utopie betrieben werden kann, muß einmal erhoben werden, wogegen sie betrieben werden soll.

2 Das Unmögliche verweist auf eine »größere« Wirklichkeit: es ist der Anspruch des radikalen Subjekts; diese Radikalität gilt es auszuhalten — nicht zu nivellieren — im Widerstreit mit der Radikalität jedes anderen Individuums. Schivkovs Forderung nach dem radikalen Subjekt beinhaltet indirekt die Forderung nach radikaler Toleranz. Nichts soll angepaßt oder verniedlicht werden — sondern alles soll ausgehalten werden. Dogmatiker gehen baden.

Euren Vorstellungen muß ich mich aus Verantwortung verweigern — weil sie nichts Unmögliches in sich haben, und daher nichts Menschliches. Ihr lebt das Leben von Tieren, die kein menschliches Denken entwickeln. Ihr müßt aber bedenken, daß wir Tiere sind, für die das Unmögliche machbar ist. Nur solche Tiere können Menschen genannt werden, die die Dimension des Unmöglichen in Angriff nehmen.

Schivkov stand auf und verließ die Gaststube aufs neue. Er schloß die Tür des Pissoirs hinter sich.[3]

3 Schivkov ist der einzige Übermittler von Botschaften, von dem übermittelt ist, daß er eine Verdauung hatte.

## Erwartet nichts, hofft alles! Der Südpol brennt. Keine Furcht, es ist nur Angst.

Das, worauf sich das Wünschen konkret richtet, ist das Erwartete.
Das Wünschen, das *etwas* wünscht, *erwartet* etwas.
Das, worauf sich das Wünschen total richtet, ist das Erhoffte.
Das Wünschen, das *total* wünscht, *erhofft* alles.

Menschen sind die einzigen Tiere, die alles wollen können. Wer nichts will, ist kein Mensch. Wollen — das totale Wollen und Wünschen und Sehnen — ist das Menschlichste: das, was sonst kein Wesen auszeichnet. Wer etwas will, muß vorher erkannt haben; dem Wollen geht das Erkennen voran. Dem Wollen voran geht das Einschätzen der Realität, das Denken. Wer will, hat sich etwas gedacht. Er hat die Realität beurteilt und ist zum Schluß gekommen, die Realität sollte anders sein; er hat gesagt: ich will, daß es etwas anderes gibt. Das andere ist das Menschliche. Das andere ist das Leben, das Menschliche ist das Leben: das selbst-bewußte Leben, das denkt, daß es lebt.

Alles, was ihr
noch tun könnt für uns
ist nichts.
Wir machen es euch leicht:
wir schätzen euch,
wenn ihr nichts mehr tut,
absolut nichts.

Nichts ist das Beste,
das ihr tun könnt —
und das ist eine ganze Menge.
Kein Fernsehen
keine Energie
kein Müll
kein Verkehr
kein Auto
keine Politik
kein Programm
kein Leben
und kein Überlebens-Programm
kein Buch
kein Film
keine Zeitung
kein Haus
keine Straße
keine Luft
kein Mensch mehr bitte, kein Mensch.
Aber ihr tut, tut, tut, tut, tut.
Und meint,
das wär' schon genug,
um zu leben.
Vor lauter Tun merkt ihr nicht,
daß ihr Handelnde
in einem bewachten Tiergarten seid.
Euer Handeln ist so lange sinnlos,
als ihr nicht wißt,
wer ihr seid
und wo ihr seid
und was ihr wollt.

Schivkov griff geschlossenen Auges mit der Rechten ins Leere; man reichte ihm ein funkelndes Glas Schilcher, das er, ohne die Augen zu öffnen, zu seinem Mund führte. Er trank es mit einem Zug leer.

Euch, die ihr nicht mehr lebt, reicht es, das Banalste zu lehren: lebt!

Euch, die ihr nicht mehr hofft, bleibt als letztes: lebt hoffnungslos, aber lebt! Lebt unverhofft! Ihr habt euch die Hoffnung zertreten lassen von den machbaren Erwartungen; sie sind euer einziger Zukunftshorizont.

Die Erwartungen sind die kastrierten Hoffnungen eurer Regierungspolitiker. Die »Real«-Politiker sagen euch, was ihr hoffen dürft: sie sagen, daß nichts zu hoffen, aber alles zu erwarten ist. Die Erwartungen der Regierungen haben die Regierten als Hoffnungen übernommen. Die Hoffnungen, die über das Machbare hinausgehen, werden als Utopien diffamiert — von den Regierern und von euch Regierten. Das Menschlichste — das Unmögliche zu wollen — ist beiden zum Kotzen. Ihr habt euch die Realität einrichten lassen als machbare, eure Zukunft ist der Horizont des Machbaren. Ihr habt keine Hoffnung mehr im Herzen, sondern die Machbarkeit. Und das, was machbar ist, habt ihr euch aus der Hand nehmen lassen: ihr wißt nicht mehr, schon lange nicht mehr, daß das einzige, was es zu machen gilt — die Utopie ist. Das Verlassen der Realität ist die höchste menschliche Potenz.

Schivkov war nicht bereit, die Augen zu öffnen. Er schwieg, und während seines Schweigens reichten sie ihm einen dampfenden Teller mit gekochtem Gemüse, das starken Ingwer-Duft verbreitete. Ein Mann, der an Elefantiasis litt, legte sein unförmiges Bein zur Seite und begann in einer fremden Sprache zu singen, ohne daß er darum gebeten worden wäre.[1] Schivkov aß ohne Kommentar.

Es entstand eine Zeit, mit der die Anwesenden zu kämpfen begannen. Im Raum stand eine Zeit, die niemand kannte. Es war die Zeit, in der alles ausgeblieben war. Alles Vertraute war vollständig gewichen: der Raum war von einem namenlosen Nichts gefüllt, das unter den Nägeln brannte. Die Gegenstände schwanden — sie ver-schwanden in der großen Unbestimmtheit. Hier war nichts mehr am rechten Ort. Der rechte Ort war vertrieben, verwünscht. Es gab kein richtiges Dasein mehr. Es gab keine Sicherheit im Existieren. Alles existierte, aber anders — es existierte doch nicht.

Die Namen, um die Situation zu bezeichnen, waren verschwunden.
Keine Namen, keine Situation. Es gab gar keine Situation. Die Situation war das Fehlen einer Situation. Es war die Anti-Situation: nichts, nichts, aber das Nichts brannte! Das Nichts war heiß, ohne Flamme, das Nichts gierte nach Sein, wie es früher hieß, aber das waren Worte, die der Schreiber schrieb — es gab keine Worte, es gab keine Dinge, es gab nur die Namenlosigkeit, die Dinglosigkeit, die Anti-Räumlichkeit, die die Adern zerplatzen ließ. Ein gigantischer Druck, der sich gegen Nichts richtete.

Nichts traf ein. Alle waren betroffen, und die Betroffenheit war die große Leere. Die Dinge reichten nicht mehr

1 Die Hinweise auf den Ort der Veranstaltung sind schwer nachvollziehbar: Schilcher, Ingwer, Elefantiasis wollen keinen rechten Ort ergeben; sie sollen vielmehr das Unfaßbare unterstreichen, das der Biograph sehr blumenreich zum Ausdruck bringen möchte.

ins Bewußtsein, die Dinge waren so kurz, daß sie von niemandem erreichbar waren. Es gab keine Dinge mehr. Es gab nur mehr die leeren Stellen, die die Dinge in einem früheren Dasein eingenommen hatten. Die Leere war größer als alles Vorstellbare, das Nichtsein dichter als der gesamte Plunder des Universums der Dinge. Die Intensität übertraf alles und hatte Nichts als Gegenstand.[2]

2 Diese Beschreibung steht in der Tradition der Metaphysik — vor der uns Schivkov in seinen Ausführungen stets verschont hat —: »nichts« wird verhauptwortet zu »Das Nichts«, zum Ding. Bei diesem Ding ist das Denken noch immer heißgelaufen. Halten wir dem Biographen zugute, daß er auch einmal von der faszinierenden Persönlichkeit Schivkovs schwärmen darf — in seinen eigenen Kategorien. Trotzdem: »das Nichts« ist keine Kategorie des autonomen Individuums. Wer über »das Nichts« nachdenkt, denkt nicht in der Ich-Form, sondern in Klassenform. »Das Nichts« ist unmenschlich, die Spekulation darüber belanglos. »Das Nichts« ist kein Begriff, sondern ein Gefühl, über das sich nicht streiten läßt. Streiten läßt sich allerdings darüber, ob das Gefühl des Biographen der Mitteilung wert war; die Nicht-Biographen unter den Zuhörern hatten vielleicht auch Gefühle — sehr wahrscheinlich auch andere.

## Ihr seid krank, dürft es aber nicht sein

Ihr geht zur Arbeit und kommt krank aus ihr zurück; ihr steigt ins Auto und kommt krank an — wenn ihr ankommt.
Ihr eßt, was ihr produziert habt, und danach seid ihr dem Tod ein Stück nähergekommen.

Ihr geht zu Bett, und nachdem ihr tief durchgeatmet habt, ist eure Lunge in einer Nacht um zwei Jahre gealtert.
Ihr werdet geboren, beginnt zu leben, und ab diesem Zeitpunkt nehmen eure Krankheiten zu.
Euer Boden, eure Luft, eure Landschaften, eure Tiere und Pflanzen, eure Beziehungen, eure Sehnsüchte, euer Konsum, eure Produktion, eure Regierungen und ihr selbst: alles Gift.

Ihr lebt in einer Giftmülldeponie und habt den geistigen Wahrnehmungshorizont eines Giftmülldeponiebetreibers — es kommt euch nichts anderes mehr unter als Giftmüll. Alles Ungiftige ist euch unnatürlich. Eure Ärzte arbeiten daran, den giftigen Zustand zu verlängern. Auf Kosten der Regierungen verlängern sie die Lebenserwartung. Sie arbeiten nicht gegen das Gift, sondern sie bekämpfen eure vergifteten Körper mit stärkeren Giften. Ihr Interesse liegt nicht darin, euch gesund zu machen, sondern: abhängig Jahr für Jahr produzieren sie tausend und abertausend Drogenabhängige. Fragt, sucht unter euresgleichen: wie viele Tage ist der Mensch lebensfähig ohne Tabletten, Impfungen, Operationen, ohne »medizinische Versorgung«? Die Imperien der Pharma-Produzenten liefern den Nachschub mit der Etikette »Fortschritt«. Sie verlängern das Un-Leben, ich rede von eurem Leben, indem sie die Chemie in die Nahrungsmittelkette einschleusen.[1]

Jahr für Jahr freßt ihr unermeßliche Tonnen von Chemie im Namen der Gesundheit. Eure Krankheiten sind dann — und nur dann — richtige Krankheiten, wenn sie chemisch behandelbar sind, wenn ihr zu Abhängigen der Chemie gemacht werden könnt. Die Abhängigkeit wird so lange gefördert, solange die Arbeitsfähigkeit erhalten bleibt.

Schivkov umarmte einen jungen Nadelbaum und sprach weiter. Ihr seid krank, aber eure Ärzte lassen eure Krankheit nicht ausbrechen. Ihr seid infiziert, aber ihr werdet eure Infektionen nie überwinden, weil eure Krankheiten nie ihren Höhepunkt erreichen dürfen. Eure Infektionen nehmen zu, jährlich werden es mehr, und ihr seid verurteilt, nicht zu sterben. Ihr müßt eure Krankheiten weiter und weiter tragen, ihr müßt mehr und mehr andere Menschen anstecken — weil sie euch nicht krank werden lassen, nicht richtig, nicht sterbenskrank: ihr werdet immer nur krankenhaus-krank!

Schivkov ließ den Baum allein und schlug mit der flachen Hand siebenmal auf seine Stirn, bis sie gerötet war.[2]

---

1 Dieser Abklatsch von einem Begriff, ein Standard-Wischi-Waschi der »Alternativen«, stellt eindeutig eine Anbiederung des Biographen, nicht Schivkovs, dar. Chemie kann nicht in Nahrungsmittel »eingeschleust« werden, weil es kein Nahrungsmittel gibt, das nicht Chemie sein könnte. Ketten können Nahrungsmittel auch nicht bilden, nur Menschen. Gemeint ist einfach: Das Gift der Produktion im Essen nimmt zu; es ist das Gift der Industrie-Arbeit.

2 Die sieben Stirnschläge gegen die wohlhabenden Industrienationen.

Ihr arbeitet — und werdet krank.
Ihr atmet — und werdet krank.
Ihr bewegt euch — und werdet krank.
Ihr eßt — und werdet krank.
Ihr denkt — und werdet krank.
Ihr liebt — und werdet krank.
Ihr lebt — und werdet krank.

Werft dieses Leben fort! Beginnt ein anderes Leben! Euer Leben gehört auf die Mülldeponie, es gehört nicht dorthin, es ist schon dort daheim. Ihr wohnt, wo das Gift zu Hause ist. Versucht nicht, mit dem Gift zu leben, wie eure Ärzte sagen, sondern geht weg vom Gift!

Ich verspreche euch keine Gesundheit — ich verspreche euch menschliche Krankheiten, Krisen, Leiden,[3] und: lebt kürzer! Lebt zwei intensive Minuten, und ihr werdet hundert Jahre Siechtum vergessen, die euch von den Machern verkauft wurden! Atmet nicht mehr, arbeitet nicht mehr, bewegt euch nicht mehr, eßt nichts mehr, denkt nichts mehr, fühlt nichts mehr — und ihr werdet leben!

---

3 Die »Heilsbotschaft« Schivkovs verspricht Leiden — Leiden für ein neues Ich.

# Vorwärts, es geht zurück: Leben!

Ihr seid mächtig, ihr seid mächtiger als ihr denkt — wenn ihr nicht an die Macht glaubt. Nur das Überflüssigste ist nötig: Leben!

Alles, was sich fortbewegt hat bei euch, euer gesammelter Fortschritt: es ist der Fortschritt vom Leben. Wenn es weiter-gehen soll, müßt ihr zurück-gehen; zu den Anfängen, wo das Leben liegt. Vergeßt nichts; vergeßt nicht den Tod, in den sie euch gepreßt haben.

Ich habe einen Rat für euch: redet ihnen vom Leben! Und einen zweiten: fragt sie, wo der Ort ihres Lebens ist! Und einen dritten: lebt ihnen etwas vor![1]

Redet ihnen vom Leben — sprecht eure Träume aus, ihr werdet sehen, es sind auch ihre Träume! Sprecht vom Boden eurer Sehnsüchte, sie haben keinen anderen Boden!
Fragt sie, wo der Ort ihres Lebens ist — sie werden antworten, auf den Seychellen, in der Karibik, im Nichtarbeiten, im Vergessen, im Urlaub, im Nichtmehrdabeisein. Sagt ihnen, daß Nichtdabeisein der Anfang des Lebens ist; die Ausklammerung aus dem Leben der vielen Gewöhnlichen ist der Anfang, der Anfang des Lebens liegt im Nicht-mehr-Mitmachen! Wer mit-macht, beteiligt sich an der Verlängerung des Un-Lebens. Der Schritt fort-ins-Leben kann nur der Schritt zurück-ins-Leben sein. Weil vor euch der Tod liegt, die Gewißheit

---

1 Das sind die drei Schivkovschen Räte.

des Todes. Greift eure Realität mit beiden Händen an, und eure beiden Hände sind verseucht. Eure Realität ist eine Seuche.[2]

Schivkov hob die Lider, aber nur ein wenig. Das Licht drang nicht in seine Augen ein. Seine Augen strahlten ein eigenes Licht aus, das in den Raum drang, durch die geschlossenen Lider.

Lebt ihnen etwas vor — etwas Beliebiges, Freunde, denn Leben ist etwas Beliebiges. Lebt ihnen vor, daß ihr nach Sex schreit, lebt ihnen vor, wie ihr eure eigene Hütte anzündet, lebt ihnen vor, wie ihr die Kunstgeschichte zermalmt, zeigt ihnen, daß der Tag verbluten muß für die Nacht, schreit ihnen die Stille in die Ohren, bis die Adern platzen, weint so lange, bis sie weggeschwemmt sind. Denn sie weinen nicht, sie platzen nicht, sie bluten nicht, sie brennen nicht, und sie sind unbeliebt: sie leben nicht.

Eine Wiedergeburt lehne ich ab.
Ich lebe schon jetzt.
Eine Verdoppelung von mir selber
ist überflüssig.
Auch mein erstes Leben
war schon überflüssig.
Ich bin gewesen,
aber umsonst.
Es hat sich nicht ausgezahlt.
Sollte ich nochmals drankommen,

2 Nicht mehr die Krankheiten haben Seuchen-Charakter, sondern die Zivilisation. Paradoxerweise sind Krankheiten, die ausbrechen, Ausbrüche aus der Seuche des nivellierten Lebens.

ich würde drum bitten,
als ein andrer dranzukommen,
der von mir selber
nichts weiß.

Aber ich weiß,
als ein solcher bin ich
schon drangekommen.
Jetzt.

Sie glauben, sie selber zu sein, indem sie sich bewahren: indem sie identisch bleiben. Sie kommen vor lauter Bewahren nicht zum Leben. Sie behüten ihr Unleben wie den Gralsschatz. Sie würden zu leben beginnen, wenn sie ihr Leben riskierten. So aber bewahren sie ihre banale Letalität und sind unverwechselbar: jeder lebt einen anderen Tod.[3]

Die Vorstellung von einem gemeinsamen beliebigen Leben ist ihnen ein Greuel. Sie fühlen ihr Leben nicht, weil sie Angst um ihr Ich haben — sie wollen die Leere und die Einsamkeit erhalten, das Ersatzleben, das keinen Schwankungen ausgesetzt ist. Sie wollen nicht ihr Ich leben, sie können es nicht, weil sie nur eine verschwommene Idee davon haben. Sie wollen die Verschwommenheit erhalten. Vor dem wahren Leben scheißen sie in die Hose. Schivkov öffnete die Augen, und man füllte ihm sein leeres Glas nach.[4]

---

3 Schivkov fordert ein neues Ich, setzt es aber in ein gemeinsames beliebiges Leben. Wie leicht kann das Denken verzweifeln, das solches denken will!
4 Prost!

## Der Kern der Menschlichkeit: die Entscheidungen, die Unabsehbarkeit

Schivkov stellte eine gefüllte Milchkanne, mit der er eben vom Bauern gekommen war, neben sich. Die Milch war fünf Minuten alt, der Bauer war noch beim Melken. Welche Milch trinkt ihr? fragte er. Kuh-Milch oder Kuh-Industrie-Milch? Keiner antwortete. Niemand schien überhaupt Milch zu trinken. Schivkov goß kuhwarme Milch aus der Kanne in die bereitstehenden Weingläser. Ein skeptisches Blicken begann ringsum.

Sollte einer von euch, fragte Schivkov, ein Anhänger der Milch sein — welche Entscheidungen kann er treffen, die die Milch angehen: kann er die Milch trinken, die aus dem Euter rinnt? Kann er die Verpackung bestimmen, aus der er seine Milch trinkt? Wie viele unter euch trinken die Milch, wie sie aus dem Euter rinnt?

Ihr geht in ein Geschäft und ihr kauft Milch. Es gibt Trockenmilch, Magermilch, Babymilch und »normale« Milch. Die »normale« Milch ist entrahmt und pasteurisiert und sterilisiert. Es gibt Buttermilch und Yoghurt und sauren Rahm und Crème fraiche und süßen Rahm und Frufru. Das sind neun Produkte, zwischen denen ihr wählen könnt — aber ihr könnt nicht die Kuhmilch wählen, wie sie aus dem Euter rinnt: diese Milch gibt es nicht. Diese Milch wäre es gewesen, aus der ihr all die anderen Produkte selber herstellen hättet können — aber diese Milch ist euch aus der Hand genommen worden, nur mehr die Bauern selber kennen sie noch — auch wenn sie sie nur gekocht trinken.

Ihr könnt euch entscheiden zwischen zehn Milchprodukten, aber ihr könnt euch nicht für die »wahre« Milch entscheiden; kein Geschäft führt Kuhmilch, alle führen sie nur Industrie-Milch. Ihr kriegt nur behandelte Ware. Die Hand der Industrie fährt euch mit jedem Bissen, mit jedem Schluck in den Mund. Ihr habt euch die Entscheidungen aus der Hand nehmen lassen!

Frei ist nur, wer täglich Entscheidungen trifft: frei ist, wer entscheidet, ob er heute arbeitet oder nicht, frei ist, wer entscheiden kann, welche Kleidung er trägt, frei ist, wer nicht weiß, welche Konfektionsgröße er hat.[1] Frei ist, wer sein Haus verlassen kann und nie mehr heimkehren muß. Frei ist, wer sechs Stunden an einem Fluß stehen kann, an einem verseuchten, stinkenden Fluß, und sechs Stunden den Fluß verfluchen kann.[2] Frei ist, wer sein Auto in eine Schlucht stürzen kann.[3] Frei ist, wer in die Innenstadt geht und alle Passanten ohrfeigt. Frei ist, wer sich sein Wiener Schnitzel selber machen kann.[4] Frei ist, wer nicht Hamburger und Pommes frites essen muß. Frei ist, wer die Tür auf- und zumachen kann, wann er will. Frei ist, wer bewußt Kinder zeugt. Frei ist, wer bewußt keine Kinder zeugt. Frei ist, wer sich seiner selbst bewußt ist, zwar ist er traurig, aber er lebt.

Wer von euch ist es, der vor seiner Haustür eine Wiese betreten kann, oder einen Lehmboden? Wer von euch

---

1 Schivkov dürfte sich gerade in Ozeanien aufhalten.

2 Nein, es ist doch Europa. Es ist eindeutig vom Rhein die Rede. Oder von der Etsch? Oder vom Po? Oder der Seine? Oder der Mur? Oder der Donau? Oder?

3 Von Europa kann keine Rede sein: hier ist frei, wer autofährt, ein Verbrecher hingegen, wer Schluchten mit Autos verstopft. Das größere Übel für seine Umwelt ist dem Europäer immer das Auto, das nicht fährt.

4 Der Hinweis auf Ozeanien hat nicht standgehalten — sind Köche freie Menschen?

lebt mit Bäumen? Wer kann gehen unter euch — wer geht zum Kaufmann und kauft das Notwendigste? Was ist es eigentlich noch, das ihr glaubt, entscheiden zu können? Euch sind alle Entscheidungen aus der Hand genommen.[5]

Ihr seid glücklich – ihr entscheidet nicht. Wohin rede ich? Ich rede mit Friedhöfen, ich rede mit euch. Frei ist, wer tut, und die Folgen des Tuns sind nicht absehbar.[6] Weil die Folgen des Ich-Seins nicht absehbar sind. Alles Absehbare seid ihr, und ihr seid nicht frei. Ihr lebt, und jeder weiß, wie es ausgeht: sobald ihr berechenbar seid, erklärt euch die Gesellschaft für reif. Ihr lebt, und wenn euer Leben vorüber ist, hat keiner gemerkt, daß ihr gelebt habt, am wenigsten ihr selbst. In Wahrheit habt ihr nicht gelebt.

Schivkov schüttete den Rest der Milch aus der Kanne auf den Boden. Der Teppichboden schluckte die Milch langsam, er war milchfett. In einigen Tagen würde der Teppichboden mit stinkendem Käse bedeckt sein. Aber es gab Reinigungsmittel, die auch Schivkov nicht unbekannt geblieben waren.[7]

---

5 Die Botschaft Schivkovs ist nicht generell, sondern spezifisch: er spricht zu denen, die den Kontakt mit der Natur und mit dem Ich (ein Widerspruch?) verloren haben — also mit uns Zombies der Industrienationen.

6 Den Mißverständnissen sind Tür und Tor geöffnet. Spricht Schivkov nicht von den Machtpolitikern, die er sonst bekämpft?

7 Welch seltsamer ironischer Klimmaufzug des Biographen!

## Vom Genießen

Mitten in die Kälte des alpinen Winters sprach Schivkov: mir ist nach Griechenland! Ich will Genuß! Schivkov persönlich schritt in die Speisekammer und trug Speisen und Getränke für seine Freunde auf. Sie tranken Anisschnaps, vermischt mit klarem Gebirgswasser, und kauten schwarze Oliven dazu. Schafkäse in Olivenöl, mit Oregano bestreut, kam auf den Tisch, ebenso mehrere Flaschen mit geharztem Wein sowie gefüllte Weinblätter, die das Aroma des Harzweines im Gaumen blühen ließen.

Der Genuß ist nicht dazu da, sagte Schivkov, um Körper und Geist einzulullen — das ist der falsche Genuß; der wahre Genuß beflügelt die Phantasie, die Vorstellungskraft. Mit diesen griechischen Speisen und Getränken entsteht möglicherweise ein Griechenland, wie es noch nicht existiert, ein ideales Griechenland. Jeder Schluck Retsina kann eine brennende griechische Sonne in unseren Gedanken einschalten, heißer als jede reale Sonne Griechenlands — und doch verbrennt die Sonne keine Haut; höchstens Gehirnzellen. Derselbe Effekt kann natürlich durch geistige Konzentration allein auch eintreten — oder auch durch die Sehnsucht, den ständigen Entzug der griechischen Sonne. Es ist also der gezielte Konsum, der eine Flut von angenehmen Gedanken und Gefühlen auslösen kann: den Genuß.

Ebenso ist es möglich, durch das Gegenteil des Konsums, durch die *Askese,* zu denselben angenehmen Zuständen zu kommen: die Phantasie ist stärker als jede Realität. Es ist also möglich, durch Konsum zu genießen, und es ist möglich, durch Askese zu genießen, und der wahre Genießer setzt natürlich beide Möglichkeiten ein. Ergreifen wir jetzt die erste Möglichkeit mit beiden Händen!

Diese Lehre schien den Zuhörern leicht und angenehm, und sie begannen in Erinnerungen an griechische Erlebnisse zu schwelgen, die sie im realen Griechenland nie erfahren hatten.[1]

Die ihr belastet seid — kommt zu mir!
Ich unterschreibe eure Schuldscheine!
Die ihr einfältig seid — kommt zu mir,
ich mache euch die Steuererklärung!
Die ihr arm seid — kommt her,
ich gebe euch ein volles Geldbörsel,
und seht zu, wie ihr damit glücklich werdet!
Die ihr Durst habt — herein in meinen Weinkeller,
allein kann ich die Fässer nicht leeren!
Die ihr Gerechtigkeit sucht — herbei mit euch,
ich habe den Hammer, mit dem ihr die
Justizpaläste zertrümmern könnt!
Die ihr blind seid — tastet euch in
meine Stube, ich gebe euch zwei Sonnen
in jede Hand, aber verbrennt euch nicht!
Die ihr keinen Begriff habt — setzt euch zu mir,
und ich gebe euch das Gefühl von einem
Begriff, denn mehr werdet ihr nicht nehmen
können!

---

1 Hier darf das Auditorium das einzige Mal auf die Schivkovschen Botschaften reagieren. Dem Biographen scheint das Verhalten der Adressaten der Reden völlig belanglos, er starrt mit Scheuklappen auf den Meister.

Die ihr leben wollt, aber keine lebendige Faser
in euch findet — kommt her,
wir machen einen Strickkurs, bei dem ihr lernt,
die Unterhemden des Lebens zu häkeln.
Die ihr Mühe habt mit eurer Seligkeit —
ihr seid mir willkommen,
denn die, die jetzt schon selig sind, haben sich
die Mühe nicht genommen: glückliches Vieh.
Ich gebe euch keine neue Seligkeit, aber neue
Mühen: ich gebe euch den Weg zu euch selbst.
Ihr sollt niemand außer euch selbst haben.
Bis jetzt ist auch gedroschen worden,
aber nur Stroh.
Seht zu, daß es eine Ernte gibt!

Warum, fragte Schivkov, habt ihr Angst vor dem Genuß? Warum konsumiert ihr nicht in vollen Zügen das Beste vom Besten? — Und warum läßt sich niemand unter euch auf eine Zeit der wahrhaften Askese, des Verzichts auf alles, ein? Der weitaus größere Genuß liegt natürlich in der Freiheit, allem entsagen zu können.

Diese unendliche Kraft des eigenen Willens: nichts haben zu müssen, nichts produzieren zu müssen, nichts konsumieren zu müssen, das ist das größte Erlebnis, das in euch schlummert, das Erlebnis eures eigenen Ich. Zu dieser Askese ruft euch eure Gesellschaft aber nicht auf, weil diese Askese nutzlos für die Gesellschaft ist.

Der Aufruf eurer Gesellschaft betrifft immer nur die Mäßigung: ihr sollt alles mäßig genießen und nie das Beste vom Besten zu euch nehmen — das tun die, die die Aufrufe zur Mäßigkeit veranstalten —, ihr sollt auch in der Askese nicht das Maß verlieren — wenn ihr zuviel

Phantasie erzeugt, verliert ihr ja die Arbeitskraft —, ihr sollt also insgesamt mit Maß leben, heißen sie euch, und sie meinen: mäßig: mittelmäßig.

Wenn sie von Maß sprechen, meinen sie immer das Mittel-Maß, nicht das volle Maß Bier, sondern das kleine, das durchschnittliche.[2] Ihr habt euch zu Durchschnittlichen maßschneidern lassen. Ihr seid Schnittlauch, suppenfertig. Euer Leben hat Maß und Ziel: es darf nicht zu groß werden, sonst stört es den Betrieb. Das zu große Leben muß rechtzeitig gestutzt werden, mit einem Messer, es muß die Form des üblichen, mundgerechten Schnittlauchs erhalten, dann ist das Leben die richtige Würze in der Eintopfsuppe, die eure Gesellschaft ist.

Der Genuß ist nur dann ein Genuß, wenn er ein voller Genuß ist. Der halbe Genuß, mit dem ihr euch zufrieden gebt, ist einer, der benebelt und die Phantasie tötet. Der wahre Genuß führt wie die wahre Askese zur überschwenglichen Phantasie: zum Dasein als Ich.

Schivkov ließ den Wein in die Gläser gurgeln, daß es spritzte; der Holztisch trank mit.[3]

---

2 Schivkovs Beziehung zu genußbringenden Getränken und Speisen dürfte ebenso stark sein wie zur schwarzmalenden, mahnenden Phantasie. Um die gesellschaftliche Realität, gegen die er an-denkt, aushalten zu können, ist ihm, so hat es den Anschein, der orale Genuß mehr recht als die Askese, obwohl er auch unter Askese Genuß versteht. Aber es sind dennoch zwei Arten von Genuß: Genuß durch Abtöten (Askese) und Genuß durch Belebung (der Sinne, der Phantasie). Die Belebung scheint ihm jedenfalls näher als die Tötung.

3 Der Biograph hat den Höhepunkt seiner Schilderungen erreicht!

## Tun und Nichttun

Die wichtigste Unterscheidung heißt: Nichtstun und Nichttun. Der Gegensatz zum Tun ist die Bewegungslosigkeit. Der Gegensatz zur Arbeit ist das Nichtstun.[1]

Ich rufe euch zum Nichts-Tun auf!
Weil eure Arbeit krank ist und krank macht. Wenn ihr leben wollt, laßt euch *zuerst* in das Nichts-Tun hinabgleiten!

Sie nennen es sozial, wenn ihr Arbeitslosengeld bekommt — es ist das Geld, mit dem sie ihre Unfähigkeit bezahlen, euch weiterhin anstelle von Maschinen zu beschäftigen. Eure Wartung kostet mehr als der Strom der Computer — dennoch nennen sie es Huld und Gnade und angestrengte Sozialkosten: wenn ihr nicht mehr arbeitet. Sie haben euch die Arbeit verschrieben, und sie verschreiben sie weiterhin, wie die Kirchen: wer nicht arbeitet, soll auch nicht essen. Habt ihr nie, wirklich noch nie bemerkt, daß die Verordner der Arbeit das Verordnen der Arbeit als Arbeit betrachten — und nur deshalb mit gutem Gewissen essen, und zwar das Beste vom Besten?

Das Beste essen die, die die Arbeit verordnen. Ihr wißt es und wollt auch solche werden, weil ihr gut essen wollt. Ich aber sage euch: Ihr könnt jetzt gut essen, ihr könnt das essen, was eure Länder hervorbringen an Ge-

1 Hier wird Schivkovs Auseinandersetzung mit der Arbeit eingeleitet.

müse und Fleisch und was auch immer. Das, was ihr produziert, ist auch für euch zum Essen, ihr Bauern! Die besten Stücke, die ihr dem Ministerium oder den Ladenketten abliefert — eßt sie selber! Eßt die Kalbsbraten und liefert ihnen die Hufe vom Kalb — sie sind den Braten nicht wert! Die besten Stücke vom Kalb haben immer die gegessen, die das Kalb nicht aufgezogen haben.

Daher ist es leicht, wenn einer will, daß es ihm am besten gehen soll: fort mit der Arbeit! Wer arbeitet, will, daß es ihm in Zukunft gut geht. Wer nicht arbeitet, dem geht es in der Gegenwart gut! Das Nichts-Tun im Sinne von Arbeitslosigkeit ist das Gebot der Stunde! Arbeit heißt eo ipso Arbeit für jemanden, für jemand Fremden. Der Fremde ist inzwischen die Maschine, sie steht für die reibungslose Lohnarbeit. Ihr seid nicht reibungslos — daher Schluß mit der Arbeit, alle Arbeit den Chips! Seid unberechenbar! Eßt die besten Stücke! Sie werden den Delikatessenhändlern abgehen — macht nichts, schafft die Delikatessenhändler ab!

Die Delikatesse liegt ganz woanders: jeder Bauer wird davon erzählen, jeder kleine Bauer, der seine Erzeugnisse selbst zubereitet: ihr in der Stadt werdet solches nie mehr kriegen!

Schivkov streichelte die Schafe, die ihm in Handnähe kamen, blickte aber immer über die Schafe hinweg. In seinem rechten Mundwinkel verschwand ein Sauerampfer-Blatt, ruckweise.

Nein, die Nutznießer der Arbeit werden nichts mehr kriegen! Vielleicht geben wir ihnen einen Sack Kartoffeln, aber sicher nicht die abgehangenen Fasane, ab jetzt essen wir die Fasane selber! Das Essen der Fasane ist natürlich nicht alles — wie für sie —, aber das Essen der Fasane durch die Nichtfasanessensbezugsberechtigten entzieht den widerrechtlich Bezugsberechtigten die Grundlage ihrer Fasanenfreßsucht. Sie können ihre Fasanenwahl treffen, solange sie wollen — ihre Wahl geht ins Leere, denn die Fasane bleiben bei denen, die sie gefüttert haben.

Schivkov stieg den Berg hinan, fröhlich blökend.

## Intermezzo: Seid unnützlich!

Der einzige Nutzen, den die Lebewesen hervorbringen, ist die Verbesserung des Humus. Der Staub, aus dem sie geworden sind, gerät in einen Kreislauf, die Bewegung des Kreislaufs ist die Bewegung des Lebens. Der Staub wird nach dem Absterben eines Lebendigen um den Staub, den das Leben hinterlassen hat, reicher. Aus angereichertem Staub kann reicheres Leben entstehen.

Wir sind Staub, und wir werden Staub; dazwischen formt sich der Staub zu einem lebendigen Organismus — das Leben ist eine spezielle Zwischenform organisierten Staubes. Der Menschenstaub hat während der kurzen Zeit seiner Lebensform die Fähigkeit zur Selbstreflexion. Das höchste Bewußtsein des Menschen: der Staub erkennt seine Stäublichkeit.

Jeder Gedanke basiert auf materiellen Voraussetzungen im Gehirn, und jeder Gedanke hinterläßt materielle Auswirkungen im Gehirn. Der Geist, der ohne Materie aktiv ist, ist ein Hirngespinst; auch dieser Gedanke kratzt materielle Bahnen ins Hirn! Laßt fahren eure eitlen Hoffnungen auf ein rein geistiges, ewiges Fortleben! Ihr lebt fort als das, was ihr schon früher gewesen seid: als Staub.

Wenn es euch tröstet — dieser Staub kann nicht weggeblasen werden, nicht ausgelöscht. Dieser Staub ist Energie, potente Energie. Alles, was ist, ist eine Form von Energie, auch ihr. Ihr seid Energie, alles ist energetisch, unendlich energetisch.

Nur der Mensch, nicht die Energie selbst, ist nach dem Prinzip Selbsterkenntnis organisiert. Laßt daher eure Gedanken fahren, die ergründen wollen, *warum* es Energie gibt! Jede mögliche Antwort darauf ist hinfällig. Die Antwort könnte nur der Staub geben, aber der Staub ist nicht selbstbewußt. Der Staub ist bestenfalls ein Informationssystem, das nicht fähig ist, sich selbst zu informieren.

Die Nichtstuer, liebe Tuer,
hießen früher Eckensteher.
Sie ver-standen die wichtigsten
Kreuzungen eurer Zivilisation.

Ja, ich spreche jetzt von uns Menschen, von unserer Daseinsform vor und nach unserer Daseinsform als Lebendiges. Wir sind zusammengesetzt aus dem Staub von anderen, und unser Staub setzt wieder anderes zusammen: wir sind in Bewegung, in fortlaufender Bewegung, in einer sich ändernden Bewegung: die Bewegung aller existenten Dinge geht immer in Richtung Energie.

Schivkov sprach stehend, in einem Weingarten; er blickte die reifen Trauben an, als würden sie sich vor seinen Augen in Wein und schließlich in Weingeist verwandeln.[1]

Nicht *die* Menschen — täuscht euch nicht! —, sondern *ihr* habt einen Raster über das menschliche Leben und darüber hinaus über die gesamte Natur gelegt: ihr wollt für

1 Diesen Blick zu erleben war wohl nur wenigen Sterblichen gestattet.

etwas da sein; die Natur, behauptet ihr, ist zu etwas nutze: ist da, damit; es ist der Zweck, der Nutzen, das Ziel.

Jetzt, wo sich euer Leben für die wechselnden Zwecke verzehrt hat, für immer neue Ziele, die die Geschichte angeblich korrigiert hat — jetzt, wo ihr am Ende steht, wo eure einzige Strategie die des Überlebens geworden ist gegenüber dem Un-Leben eurer »Zivilisation«, eures »Fortschritts« — jetzt erkennt ihr: das Selbstverständlichste ist nicht mehr selbstverständlich: das bloße Leben. Die Qualität des Lebens.

Ihr seid abgeglitten in die Quantität des Lebartigen, jedes »menschliche« Ziel hat euch vom Leben selbst nur entfernt, jedes Ziel, das nicht das Leben an sich, das Selbstverständlichste, zum Inhalt hatte, war ein ideologisches Ziel; war ein Ziel, mit dem sie euch domestiziert haben zur Funktionalität.

Jeder Handgriff, jede Fußbewegung: alles
dient der Erhaltung:
es soll so bleiben!

Jede Bewegung ist eine Bewegung zuviel.
Jede Änderung ändert nur die Änderung.
An die Wurzeln
kann keiner mehr gehen.
Die Wurzeln sonnen
in den Katakomben,
keimen
in den Sarkophagen.

Es ist hier eine Landschaft,
die tot ist.

Froh jeder,
der noch lebt.

Wer: »sie«?
Die Hohepriester des besseren Lebens. Ihr braucht lange, um zu erkennen, daß das »bessere« Leben in jedem Fall vom Leben an sich, vom bloßen Leben, wegführt! Wer immer euch ein besseres Leben verspricht — er tut es nicht, ohne Gegenleistungen von euch zu verlangen — glaubt ihm nicht! Alles, was jetzt not tut, ist leben!

Leistet nichts, seid zu nichts nutze![2] Laßt euch vor keinen Karren spannen! Euer Leben hat nur ein einziges Ziel: das Leben selbst! Ein Wort den notorischen Mißverstehern unter euch — wenn ich euch die generelle Skepsis gegen das »bessere« Leben predige, dann habe ich nicht eure gegenwärtigen Zustände verteidigt; denn eure Zustände sind Zustände des Un-Lebens. Ich aber spreche vom Leben: vom Anderen, das ihr nicht kennt. Traut keinem, der spricht und nicht lebt. Traut auch mir nicht, solange ihr mein Leben nicht kennt![3]

---

2 Ein System, das andere Ziele als das Leben vorgibt, ist ein nichtsnutziges; es dient nicht den Menschen, sondern der Herrschaft der Wenigen. Das Nichts-Tun als Strategie der Lahmlegung!

3 Das ist die generelle Skepsis gegenüber der Sprache, die nicht am Leben überprüft werden kann. Die Einladung, auch ihm nicht zu trauen, ehrt Schivkov; heute, wo tatsächlich das Wissen um die Herkunft und den Abgang Schivkovs verlorengegangen ist — die Überprüfbarkeit —, trifft die Skepsis tatsächlich auch die Aussagen Schivkovs.

## Laßt fahren eure Arbeit!

Arbeit
macht frei.
Wovon?

Wer arbeitet,
sagen sie,
befreit sich durch Arbeit
von Arbeit.

Das Ziel der Arbeit
ist die Arbeitsfreiheit.
Ein Begriff, den der Duden nicht kennt.

Eines Tages,
sagen sie,
wirst du genug gearbeitet haben.
Und wer genug gearbeitet hat,
tritt in den verdienten Ruhestand.
Ein Ruhestand,
der nicht verdient ist,
ist ein Laster,
sagen sie.

Die Ruhe ist nur dann von Wert,
wenn sie der Arbeit folgt.
Und die Herren,
die die Arbeit verteilen,
wissen es sehr genau:
auf die Arbeit, die sie verteilen,
folgt immer ein verdienter Ruhestand.

Euer Leben ist: zuerst Arbeit,
dann Ruhestand.
Euer Ruhestand
ist die nahtlose Fortsetzung der Arbeit.

Euer Ruhestand hat schon begonnen,
sobald eure Arbeit begonnen hat:
ihr braucht nicht mehr zu denken,
ihr müßt nur noch warten,
bis der Ruhestand des Gehirns
den Ruhestand eures Körpers erreicht hat.

Arbeit macht nicht frei,
sondern ruhig,
weil sie den Arbeiter erschöpft.
Arbeiter sind Schöpfer,
die nicht schöpferisch handeln können,
weil ihre Arbeit
das Schöpferische nicht zuläßt.

Arbeiter arbeiten nicht für sich,
sondern für andere.
Wer für sich arbeitet,
ist bloß beschäftigt.

Arbeit geschah noch nie
um ihrer selbst willen.
Immer stand hinter der Arbeit der Vielen
der Wille von Wenigen,
der Nutzen von anderen.
Immer ist die Arbeit
verordnet worden, und gedient
hat die Arbeit immer.

Den Kindern der Arbeiter
versprachen die Arbeiter
eine bessere Zukunft.
Jetzt versprechen die Verteiler der Arbeit
den Kindern der Kinder der Arbeiter
die bessere Zukunft.
Ihre eigene bessere Gegenwart
muten sie ihnen nicht zu.

Jetzt,
wo schon mehr Menschen
an der *Analyse* der Arbeitsproduktion arbeiten,
an der Verteilung,
der Verwaltung,
der Statistik der Arbeit —
als es Hersteller gibt:
jetzt,
wo die Arbeit verschwindet,
wo der Mikro-Chip
sein Programm abspult,
ohne Urlaubsanspruch und Weihnachtsgeld
und Pension,
jetzt
behaupten die Verwalter der Rest-Arbeit noch immer,
ohne Arbeit sei das Leben sinnlos.
Und die Kirchen schließen sich an:
Wer nicht arbeitet, soll auch nicht essen.

Drehen wir es um: Wer arbeitet,
soll auch essen!
*Alles Essen den Chips!* Wer nicht ißt,
soll auch nicht arbeiten!

Die Mikro-Chips,
behaupten die Gewerkschaften,

sind ein Unglück: sie rauben dem Menschen
die Arbeit!
Aber die Chips
sind die Kinder des Profits,
die für den Vater Unternehmer arbeiten.
Die Gewerkschaften sind dafür,
daß die Arbeitsfreiheit
erst mit sechzig beginnt.
Die Chips zwingen die Arbeiter
in die Frühpension
und in die verkürzte Arbeitszeit.

Welch ein Unglück!
sagen sie,
es gibt nichts mehr zu arbeiten!
Das Unglück selber
betrifft aber die Arbeiter weniger,
die immer gearbeitet haben,
damit die Arbeit ein Ende habe.

Jetzt
hat die Arbeit ein Ende,
und die Verteiler der Arbeit
sprechen vom größten Unglück —
*weil sie nichts mehr zu verteilen haben.*

Die,
die die Arbeit los sind,
die Arbeitsfreien,
schließen sich an: sie wollen,
nach dem Willen der Regierungen und Gewerkschaften,
wieder Arbeit haben, sie sind
unglücklich, weil sie nicht mehr
arbeiten dürfen.

Alles,
was jetzt not tut, ist dies:
daß die Regierungen
und die Kirchen
die Arbeitsfreien glücklich werden lassen.
Daß sie ihnen nicht mehr erklären,
der Sinn des Menschen stecke in der Arbeit.
Daß das Nichtstun
eine bessere Möglichkeit des Menschen darstelle
als die Arbeit,
die,
wie sich herausstellt,
von Maschinen besser, billiger und wunderbarer
verrichtet werden kann.

Laßt fahren alle Arbeit,
ihr braucht sie nicht mehr!

Braucht die Zeit für euch,
ihr habt sie nie gehabt.
Sucht euch Beschäftigung:
Beschäftigt euch mit Management,
mit Politik, mit Gartenbau,
mit Hundezüchtung, Börsen,
und mit Regenwürmern!

Denkt über Bienen nach
und Wolken,
seht mehr durch Teleskope
und wandert mit dem Körper![1]

---

1 Nun, da die Aufzählung der Alternativen beginnt, endet der Text abrupt. Dahinter könnte ein pädagogischer Untergriff stecken — die Alternativen muß jeder selbst entwickeln; wahrscheinlicher ist aber, daß der Rest des Liedes verlorengegangen ist.

## Die Arbeit als Landplage

Seid ihr handelnde Subjekte? Nein, ihr seid gehandelte Objekte. Seht euch um, ihr Arbeiter, die ihr arbeitet, damit es Lohn gibt, damit es Standard gibt, damit es Freizeit gibt, damit es Privatentscheidung gibt, damit es Arbeitsfreiheit gibt: eure Entscheidungen liegen in der Freizeit, nicht in eurem Arbeitsplatz, eure Entschlüsse finden nach Dienstschluß statt — wenn sie stattfinden. Arbeit um eines Lohnes willen, ohne Rücksicht auf und Verantwortung um die Ziele der Produktion — und das ist sie doch, eure Lohnarbeit! —, bildet euch doch nicht ein, daß solche Arbeit Sinn haben kann; ihr Sinn kann nur im Sparbuch des Unternehmers stecken.

Ihr seid Arbeitnehmer? — Ihr seid fremdbestimmt, ihr macht Arbeit, die euch zugeteilt wird. Ihr seid Arbeitgeber? — Ihr vergebt fremde Arbeit, Arbeit, die ihr selbst nicht verrichten würdet, also laßt ihr sie Fremde machen. Einmal im Leben, in jedem Leben, muß die Zeit kommen, in der ich mich besinne: was tue ich?

Schivkov fuhr mit dem Zeigefinger an seine Nasenspitze.[1] Und ich frage euch: Ist Arbeit der Sinn des Lebens? Wo ihr wißt, daß Arbeit zu Neurosen führt? Daß Arbeit nur insofern den Kopf mobilisiert, als ihr euch gezwungen seht, darüber nachzudenken, wie ihr euch vor dieser Arbeit bestmöglich drücken könnt? Daß Arbeit eine einzige Wegführung von den Umtrieben des Ich darstellt? Daß Arbeit nie zu mir, sondern immer nur zu an-

1 Die Geste ist bekannt. Wer denkt, dessen Körper agiert.

deren führt? Wo ihr wißt, daß das Ich der anderen ein Ich ist, das ihr nicht sein wollt?

Schivkov holte einen Zollstab aus seiner Hosentasche und sah in die Hundertschaften der Zuhörer.

Das Maß des Menschen ist nicht das Maß an Angepaßtheit, sondern: das Maß des Menschen ist der Mensch. Nicht das mäßige, sondern das menschengemäße Maß soll euch Norm sein.[2]

Das Unglück des Arbeitslosen kann auch das Glück des Arbeitsfreien sein — doch sie nennen es nicht Glück! Sie nennen den Verlust der Arbeit Unglück. Kein Mensch kann Arbeit verlieren, wohl aber die Stelle, den Lohn. Doch die Stelle lohnt sich nicht. Schivkov klopfte mit dem Zollstab auf sein Pult.

## Jede Arbeit ist zuviel

Jeder, der arbeitet, will, daß die Welt so bleibt,
wie sie ist.
Jeder, der nicht arbeitet, will eine schönere Welt.
Die schönere Welt, die durch Arbeit erarbeitet
werden kann, haben wir schon.
Die schönere Welt, die durch Nichtstun entsteht,
haben wir noch nicht.
Jede Welt, die wir bis jetzt kannten,
war eine Arbeitswelt.

---

2 Der Homo-mensura-Satz: der Mensch ist das Maß aller Dinge (die geistige Grundlage des Imperialismus), erfährt hier seine wesentliche Einschränkung: der Mensch ist nur das Maß des Menschen, und zwar der wahre, wirkliche, nicht fremdbestimmte Mensch. Der utopische Charakter dieses Anspruchs liegt auf der Hand. — Nur keine Angst vor Utopie!

Jetzt machen wir die Welt, die wir nicht kannten:
unsere!
Wir wählen das Wir.
Egoisten sind wir nicht, Anarchisten nicht,
wir sprechen von der neuen Kategorie:
wir wollen das sein,
was Menschen sein können, und nur das; alles Fremde
lehnen wir ab.

Ob wir überhaupt Wir sagen können?
Ein Wir: das setzt viele Ichs voraus.
Möglicherweise
ist das alles,
das bisher
in der Geschichte der Menschen
unter »Wir« gelaufen ist,
eine Lüge, ein Irrtum, ein Euphemismus
gewesen.
Wer hat je »Wir« gesagt?
Nie die, die »Ich« gesagt haben!
Und nie die, die nicht einmal »Ich« sagen konnten!

Die Arbeiter sind die Ichlosen.
Die Arbeiter sind die Erhalter der Realität.
Die Arbeiter erhalten eine ich-lose Realität.
Die Arbeiter erhalten nichts, außer der Realität.
Die Frage ist, ob die Realität das ist,
was es zu erhalten gilt.

Ihr versteht unter Arbeit das Tun für andere. Wer *nichts* für andere tut, lebt. Denn die andern tun, ein Leben lang, damit das Tun ein Ende hat. Eure Arbeit ist nicht eure eigene — wenn ihr sie aus-suchen könntet, ihr würdet sie nicht wählen. Es ist nicht eure Arbeit. Es ist

Arbeit für Fremde, es ist fremde Arbeit, es ist Arbeit ohne Ich.

Jede Arbeit, die auch Maschinen vollbringen können, ist entfremdete Arbeit. Ihr arbeitet fremd. Ihr Arbeiter seid Fremdgeher des Lebens. Ihr geht nicht euren eigenen Weg. Ihr geht den Weg des Lohns, und der Lohn heißt: Nicht-Ich. Der Lohn heißt: sein wie die anderen. Der Lohn heißt: ich muß nichts entscheiden, alles ist entschieden. Der Lohn heißt: ich muß nicht Ich sein. Der Lohn heißt: ich bin solidarisch — mit dem Nicht-Ich. Der Lohn heißt: wenn ich nicht arbeite, bin ich nichts. Der Lohn heißt: ich arbeite, also bin ich. Doch das Maß des Menschen heißt: ich lebe, also will ich leben!

In Wirklichkeit ist euer Problem nicht die Arbeitslosigkeit. Euer Problem heißt Arbeit. Nicht die reale Arbeit, zu der habt ihr ein denkbar schlechtes Verhältnis — ihr verflucht sie aus Leibeskräften, sobald ihr euren Arbeitsplatz einnehmt, Tag für Tag. Euer wahres Problem ist der Begriff der Arbeit, das Bild der Arbeit, die Vorstellung, die Idee von Arbeit, die in eurem tiefsten Innersten sich verankert hat: *frei von Arbeit zu sein, könnt ihr euch gut vorstellen, daraufhin arbeitet ihr; aber arbeitslos zu sein, diese Vorstellung schnürt euch die Kehle ein. Arbeitsfrei zu sein, das ist das Privileg, das ihr anstrebt; arbeitslos zu sein, das ist der Horror, dem ihr entkommen wollt.*

Ihr werdet lernen müssen, die Arbeitslosigkeit als Privileg zu sehen. Ihr werdet die heilige Kuh »Arbeit« schlachten müssen. Eure späteren Generationen werden die bedauern und bemitleiden, die noch immer arbeiten. Es wird kein Kampf um die übrigbleibenden Arbeitsplätze einsetzen, wie euch Kirchen und Gewerkschaften prophezeien, sondern das Gegenteil — es wird auch die wenigen Arbeiter, die noch benötigt werden, nicht mehr geben!

Jetzt, gegen Ende des Jahrtausends, tritt ein, wird sichtbar eine sonderbare Statistik, die nie ein Arbeiter je zuvor in der Geschichte zu Augen bekam: die Wirtschaft erholt sich, die Konjunktur wächst, die Umsätze steigen wieder — und doch wächst die Zahl der Arbeitslosen! Immer weniger Arbeitsplätze garantieren offenbar ein immer schneller werdendes Wirtschaftswachstum! Schon jetzt ist absehbar, daß der Großteil der Arbeit, der traditionellen Lohnarbeit, den die Menschen bislang verrichteten, ersetzbar ist — und alles, was ersetzbar ist, ist wert, ersetzt zu werden! —, ersetzbar durch Arbeitsmaschinen.

Kapital trägt Zinsen
Arbeit Handschuhe

Arbeitsmaschinen, die den Menschen die Arbeit wegnehmen, sind der Beweis dafür, der unwiderlegbare Beweis, daß Menschen bisher als Arbeitsmaschinen eingesetzt wurden.[3] Schivkov hielt kurz inne und zerraufte sein schütteres Haar. Das Maß des Menschen ist der Mensch, stieß Schivkov scharf hervor.

Den Unternehmern in den Regierungen eurer Vergangenheit und Gegenwart ist es gelungen, entfremdete

3 Es handelt sich durchaus nicht nur um »mindere Arbeiten« — so die offizielle Version —, die durch Maschinen bisher ersetzt worden sind, sondern auch um hochqualifizierte. Oder, vom Standpunkt Schivkovs aus: es kann sich überhaupt nur um mindere Arbeit handeln, denn es gibt keine andere.

Arbeit verinnerlichen zu lassen — die Arbeiter selbst haben ihren Lebenszweck darin gesehen, als Arbeitsmaschinen zu funktionieren. Maschinen tragen übrigens keine Verantwortung, bemerkte Schivkov. Und heute noch, Schivkov zeigte seine Zunge in eine Richtung, die nur er kannte,[4] geben die mächtigsten Institutionen eurer Länder zynisch — weil ihnen jede Zukunftsorientierung fehlt — die Parole aus: Unser Ziel bleibt die Vollbeschäftigung! *Zwangsarbeit für alle — weil wir nicht wissen, wie wir das Volk sonst beschäftigen können.*

Die Gewerkschaften, die zu den ersten zählten, die ihre Organisationen durchcomputerisierten, warnen heute vor dem Verlust von Arbeitsplätzen durch übermäßigen Einsatz von Mikro-Chips — anstatt daß *sie* es wären, die in die Chips-Produktion einstiegen! Gewerkschaften und Kirchen kämpfen nicht mehr für die Interessen der Arbeiter, sondern nur mehr für die Aufrechterhaltung der längst ersetzbaren Arbeit — und behaupten, damit für die Arbeiter zu kämpfen. Sie kämpfen begreiflicherweise für die Aufrechterhaltung ihrer Organisationsstrukturen und Dienstpostenpläne — und um ihre Macht als Arbeitsverteilungsblöcke.

Der Beruf des Tage-Diebs
ist ehrenwert.
Nur der Beruf des Tage-Besitzers
ist verwerflich.
(So wenige Menschen
besitzen so viele Tage
von so vielen anderen Menschen!)

4 Wir werden sie nie erfahren.

Zur wahren Landplage wird die Arbeit aber erst, indem die Arbeiter selbst, die ihre Arbeit beständig verlieren, sich als arbeitssüchtig erweisen: ihr seid nicht froh, daß ihr endlich die Arbeit los seid, die eure Maschinen viel geschmierter und entpersönlichter verrichten können, sondern Existenzangst befällt euch. Sie haben euch nicht gesagt, daß kein Arbeitsloser verhungern kann — im Gegensatz zu den Arbeitslosen in eurer bisherigen Geschichte!

Ihr glaubt ihnen heute noch, obwohl sie es selbst längst besser wissen, daß ihr um eure Arbeit kämpfen müßt. Das Gegenteil ist wahr — ihr müßt dafür kämpfen, daß ihr endlich arbeitslos werdet! Daß ihr endlich menschenwürdiger leben könnt. Daß ihr endlich den generellen Zustand erkämpft, den ihr bisher nur für eure Pension vorgesehen habt: nichts ist mehr nötig, ihr seid frei, das zu tun, was euch entspricht. Schivkov rümpfte seine Nase und verabschiedete sich plötzlich.

## Der Standard

Es gibt noch Reste von Arbeit, ja, und es gibt in geringen Maßen immer wieder neue Arbeit, weil ihr immer wieder neue Produkte erfindet, deren Herstellung anfänglich immer menschenintensiv ist: solange die intensivere Maschine zu deren Produktion noch nicht gefertigt ist.

Eure neuen Produkte gehen euren alten Bedürfnissen voraus. Zuerst stellt ihr die Dinge her, dann die Bedürfnisse nach ihnen. Eure Bedürfnisse sind stets überholungsbedürftig, modernisierbar, ausbaubar. Zuerst ist die Mondfähre gelandet, danach hattet ihr das Bedürfnis nach Raumfahrtprogrammen. Zuerst kommen Alu-Dosen und Plastikflaschen auf den Markt, dann habt ihr gemerkt, daß ihr sie schon immer dringend gewünscht hattet. Zuerst haben sie euch in Fertigteilhäuser verfrachtet, dann habt ihr erkannt, daß genau diese Behausung eurem individuellen Stil entsprach. Zuerst haben sie eure agrarische Wirtschaft als Massenproduktion organisiert, danach wurde euch klar, daß eure Länder nur noch konkurrenzfähig sein können, wenn ihr Lebensmittel aus der billigen Massenproduktion konsumiert. Zuerst haben eure Regierungen in den Parlamenten den Klubzwang eingeführt, danach war es offenbar, daß Demokratien ohne Klubzwang nicht lebensfähig sind. Zuerst haben sie euer politisches Mitbestimmungsrecht kastriert zur vierjährlichen Abgabe eines namenlosen X in einem Kreis auf einem Blatt Papier, danach habt ihr euer Wahlrecht gefeiert als das beste aller möglichen. Und fürwahr, es ist euer bestes: namenlos, wirkungslos, Verantwortung delegierend. Ihr lebt in Delegiertenstaaten.

Die Delegierten haben ihren Auftrag von Namenlosen, und sie führen ihn genauso aus: entpersönlichte Gesandte im Namen des Nichts. Eure Parlamente sind die höchstbezahlten Versammlungen lautstarker Aufsteiger, die beharrlich auf ihren Status als Entscheidungsunbefugte pochen. Sie sind nicht Delegierte von Wählern, sondern von Sachzwängen. — Auch ihre Karriere ist ein Sachzwang. Politiker haben keine Meinung, sondern eine Karriere. Wenn Politiker aufgrund ihrer Meinungen Karriere machen, dann, weil ihre Meinungen keine Folgen haben.

Schivkov kramte in seiner Hosentasche herum und holte schließlich ein mehrteiliges Reisebesteck hervor, das er wie einen Fächer auseinanderklappte und vor sich auf den Tisch legte. Er sah es an wie einen Meteoriten, der auf der Erde gelandet war.

Was ihr wollt, wißt ihr nicht — ihr wißt nur, daß ihr wollt, daß es nicht »schlechter« wird. *Ich will, daß es »schlechter« wird!*[1] Euer Minimalprogramm ist genau das Programm eurer Regierungen. Ihr habt genau die Regierungen, die ihr gewollt habt. Dieses Programm nennen die Regierungen »Erhaltung des Lebensstandards«. Euer Standard ist schon so fort-geschritten, daß er nur mehr der Erhaltung bedarf. Ihr müßt keinen Standard schaffen, sondern ihn bloß erhalten. Von Standard sprecht ihr dann, wenn die Produktion nicht mit dem fürs Leben Nötigen beschäftigt ist, mit dem Notwendigen, sondern mit dem Überflüssigen.

---

1 Schivkov meint natürlich das Gegenteil — weil er von einem anderen Wertesystem her urteilt. Wenn die Arbeitsproduktion rückläufig ist, dann »geht es« zwar vordergründig und vorerst »schlechter« — aber die Erzeugung unnützer Produkte nimmt dadurch ab, und somit auch die Umweltbelastung. Also: wenn es »schlechter« wird, wird es besser.

Ich arbeite
gern.
Schade, daß die Arbeit
und die Arbeit
am Ich
Blutsfeinde sind.
Der Arbeiter
ist kein Arbeiter
an sich.

Der Standard setzt ein, sobald der Luxus da ist. Der Luxus greift hinaus aus dem Reich des Notwendigen in das Reich des Möglichen. Das Reich des Notwendigen hat noch keine Regierung verteidigt: wohl aber hat jede Regierung das Reich des Un-Notwendigen verteidigt, das Reich der Bedürfnisse. Die die Notwendigkeit überschreiten: nur die Länder gelten etwas, in denen das Überflüssige konsumierbar ist. Der Lebens-Standard ist der Standard der Möglichkeit, Un-Nötiges herzustellen.[2] Lebensstandard ist dann gegeben, wenn produziert wird und erst anschließend das Bedürfnis nach dem Produkt erzeugt wird — und zwar erfolgreich.

Es soll nicht schlechter werden heißt: die Produktion soll sich nicht umstellen, sie soll auch in Zukunft das Unnötige herstellen. Das Unnötige ist der Ausdruck eurer Überlegenheit. Nur wer Unnötiges produziert, produziert Lebensstandard.

---

2 Der niedrigste Standard wird denen bescheinigt, die sich mit dem Notwendigen zufriedengeben. Wer Unnötiges besitzt, gilt als »reich«. Doch Reiche lachen seltener.

Schivkov hob einen Löffel mehrmals in die Höhe, wie wenn er Luft schöpfte. Er sprach aber konzentriert weiter.

Qualität habt ihr noch nie als Ziel des Lebensstandards begriffen. Qualität herstellen in den Zeiten des Überflusses heißt: zum Nötigen zurückkehren. Der Überfluß war es, der euch zerstört hat, ausgehöhlt, entmenscht. Nie werdet ihr erfahren, daß es euch gibt, wenn ihr wollt, daß ihr im Überfluß lebt; im Überfluß ist kein Ich zu spüren, keine Phantasie und kein persönliches Wollen. Der Überfluß erzeugt die Gier nach Diffusem, Austauschbarem. Das Unverwechselbare ist im Überfluß nicht zu Hause.[3] Euer »Lebensstandard« hat keine Wohnung in der Natur. Der Standard wohnt in den Zentralen der Propaganda.

Schivkov ergriff das ganze Besteck und ließ es so langsam fallen, wie wenn er Sand durch seine Finger rieseln lassen wollte.

---

3 Früher hieß es, daß alle einen unverwechselbaren Tod »lebten«. Hier wird das Gegenteil behauptet — daß alles verwechselbar sei. Wir folgen dir, Meister, aber unsere Füße haben es schwer!

## Schivkov und das Nötige

Die Not ist am größten in den Zeiten des Überflusses.
Das Materielle fließt über.
Das Materielle ist heißes Wachs, das alles Lebendige überzieht.
Alles glänzt.
Der Winter kommt und die Schutzhülle erstarrt.
Das Glänzende wird matt und grau und steif und kalt.
Gips.
Der materielle Überfluß ist Gips für den Menschen — nur das Uneingegipste ist noch bewegungsfähig.
Die dickste Gipsschicht klebt an euren Köpfen.
Draußen schneit es, aber nur die Wiesen fühlen den Schnee.
Der Überfluß hat eure Körper überzogen, ihr habt kein Sensorium mehr für schmelzenden Schnee.
Schnee braucht Haut.
Schnee, der nicht erfühlt ist, schneit umsonst.
Schnee in der Antarktis: umsonst!
(Oder geht dort nicht auch die Fühlhaut um in der Eiseskälte — ist dort nicht Lebendiges, unvergipst Lebendiges?)

In den Zeiten eures Überflusses gehen die Geburtenraten zurück.
Das Leben ist es ganz sicher nicht,
das in den Zeiten des Überflusses überfließt.
Die Zeiten überfließenden,
überflüssigen
Lebens hat es noch nie gegeben.

Die Jahre des Reichtums sind die Jahre der wahren menschlichen Not.
Es sind die Jahre der Entscheidungslosigkeit,
der Starre:
Nichts bewegt mich,
alles wird bewegt von der Habgier.
Ich möchte haben, gierig haben,
und bin nichts:
ich habe dieselben Ziele
wie das Wirtschaftswachstum.
Ich habe nicht bemerkt,
daß das Wirtschaftswachstum ein kaltes ist:
es lebt nicht.
Verdammt! Es sind euch keine anderen Ziele
als das Wachstum übriggeblieben.

Wenn die Wirtschaft wächst,
schrumpfen die Menschen.
Menschen wachsen nur in unterentwickelten Kulturen.
Sobald die Wirtschaft zufriedenstellend gewachsen ist,
wollen die Menschen nicht mehr wachsen.
Die Wirtschaft ist kein Dünger
für den Menschen.
Und der Dünger, den die Wirtschaft produziert,
düngt kein Menschenleben.
Nur die ungedüngten,
die unterentwickelten Kulturen
liefern Leben.
Das Leben stirbt, nachdem gedüngt wurde.
Die entwickelten, die gedüngten Kulturen
haben ihren Boden übersättigt;
ihr Boden ist so satt,
daß er speit.

Ihr Boden nährt nicht,
ihr Boden quillt über.
Wer mit einem gedüngten Boden arbeitet,
arbeitet für den Markt —
und der Markt ist dort,
wo ich nicht bin.
Wo das Ich nicht ist,
ist nicht das Leben.
Wo viel Dünger ist,
ist wenig Leben.
Also ist weniger Dünger
mehr Leben.
Leben wächst ungedüngt am besten.

Leben ist dann Leben,
wenn die Lust zu zeugen groß ist.
Eure Lust ist klein.
Ihr zeugt nicht.
Ihr seid es wert, über-zeugt zu werden.

## Freizeit und Anti-Zeit

Wenn die Arbeit verschwindet, verschwindet auch die Freizeit. Noch wißt ihr nicht, was das bedeutet. Schivkov wanderte allein durch eine blühende Almwiese, nur mir war es gestattet, seinen Schritten zu folgen.[1]

Es ist genau dasselbe: wenn ich vor Arbeitern in einer vollen Werkskantine spreche oder auf einer leeren Wiese, vor einem einzigen Zeugen. Nur die, die hören wollen, können hören. Nur die, die leben wollen, können leben.
Freizeit gibt es nur, wenn es Arbeit gibt.[2]

So ist es nicht, daß dann am meisten Freizeit ist, wenn am wenigsten Arbeit ist — wenn es keine Arbeit gibt, gibt es auch keine Freizeit. Die Zeit, die ihr Freizeit nennt, ist frei von Arbeit. Arbeit ist die Zeit, die unfrei ist. Die Unfreiheit, die Arbeit ist, nehmt ihr hin: so ist das Leben, sagt ihr. Die Freizeit, die eine Arbeitspause ist, ist euch angenehm; ihr genießt die Angebote der Freizeitindustrie: jetzt könnt ihr endlich durchatmen.

Wer einmal konsequent nichts getan hat, der weiß, was er bisher getan hat: der wird in aller Zukunft die Beschäftigung des Menschen mit Arbeit ablehnen.

Wer lohn-arbeitet, ist nicht bei sich, er ist außer sich. Und ebenso ist jeder, der Freizeit genießt, nicht bei sich —

1 Hier drängt sich wieder das aufdrängliche Ich des Biographen in den Text. Hätte Schivkov das geahnt, er hätte nicht gesprochen.
2 Der ganze Abschnitt dürfte nicht aus dem Munde Schivkovs, sondern aus der Feder seines Begleiters stammen.

er ist bei der Freizeitindustrie. Freie Zeit definiert sich euch immer nur von der Arbeit her.

Wer dauernd von sich weg-sieht: wer fern-sieht, wer Video sieht, wer Kino sieht, der erspart sich, dem wird erspart: der Blick auf sich selbst. Der Blick zurück zu sich ist nicht der egoistische Blick — es ist der Blick, der sich abwendet von der Belanglosigkeit des massenhaften Daseins, von der Mühe des Erkennens. Es ist der Blick zurück im Zorn.
Schivkov setzte sich ins Gras und hielt sein Gesicht der Sonne feil, die Lider zu.

Ihr seid die Arbeitsgesellschaft,
der die Arbeit ausgegangen ist.
Tätig sein ist euch zu wenig.

Ihr seid die Lebensgemeinschaft,
die das Gemeinsame verloren hat.
Mit Leben gebt ihr euch nicht zufrieden.

Ihr wollt den Tod
und diesen aber ständig.

So bleibt ihr, was ihr seid.
Ihr seid euch treu
und treu bis in den Tod.

Nur: euer Tod kommt nie.
Damals,
als ihr so heftig gearbeitet habt,
hat er sich in eure Häuser geschlichen,
und ihr habt ihn nicht bemerkt.
Heute lebt ihr,

und es fällt euch nicht auf,
daß ihr tot seid.

Man lebt so dahin,
denken die Leichen.

Arbeit nimmt euch die Mühe der Selbsterkenntnis ab, welche die Mühe der Selbstkritik ist — und Freizeit, das kurzweilige Freisein von Arbeit, nimmt euch diese Mühe nochmals ab. Und das wollen sie: daß ihr keine Mühe habt bei der Arbeit an euch selbst, sondern nur bei der Arbeit für sie. Eure Arbeit leidet, sobald ihr an euch selbst zu arbeiten beginnt — sie fordern alle Energie für sich. Auch eure Freizeit ist Arbeit für sie: sie ist Arbeitsbeschaffung, sie schafft Beschäftigung für die Freizeitindustrie.

Würdet ihr in der Freizeit wirklich nichts tun und nichts konsumieren: kein Benzin, keine Waldspaziergänge, keine Spiele, keine Getränke, keine Dienstleistungen — sie würden euch auf der Stelle krank schreiben und einer psychiatrischen Behandlung zuführen, so lange, bis ihr wieder konsumfähig geschrieben werden könnt, also industriefähig, also gesellschaftsfähig. Krank ist nicht nur der, der nicht arbeitet, sondern auch der, der nicht konsumiert. Aber der, der nicht arbeitet, hat kein Geld, um zu konsumieren. Krank ist daher jeder, der nicht in der Lage ist zu arbeiten. Krank ist daher jeder, der nicht in der Lage ist zu konsumieren. Krank sind daher alle Nicht-Arbeiter. Euch gilt als krank, wer eine Freizeit hat, die nicht Arbeit hervorruft. Eure Freizeit ist daher der verlängerte Arm der Arbeit. Eure Freizeit hält die Arbeit in Schwung, eure Freizeit verhindert ebenso wie eure Arbeit die Erkenntnis des Zustands, in dem ihr euch befindet. Hättet ihr die Freizeit nützen können — dürfen! —, um euch eure Situation als Arbeiter klar zu machen, dann wärt ihr nicht wieder in eure Arbeit zurückgekehrt! Dann hättet ihr eure Freizeit genutzt — als Be-freiungs-zeit. Dann hättet ihr euch von der kapitalistischen Perversion, die im selben Maße eine sozialistische Perversion ist und eine christliche Perversion, längst gelöst: daß ihr Freizeit benötigt und benützt, um »Kraft« zu tanken, damit ihr eure Arbeit wieder mit »Lust« aufnehmen könnt. »Arbeitsfreude« ist das mieseste Produkt, das Gehirnwäsche je hervorgebracht hat. Jeder, der es Gehirnwäsche nennt, den lacht ihr aus; das sicherste Anzeichen für Gehirnwäsche liegt vor, wenn Zweifel lächerlich gemacht werden. Wenn sich das Nicht-Denken herausnimmt zu sagen: Nicht-Denken ist besser als Denken.

Ich liebe euch
auch wenn
ihr euch selbst
haßt, haßt, haßt
bis ins Arbeitsmark.
Euer Mark
ist nur
eine Mark.

Jetzt, da Maschinen immer komplexere Arbeitsvorgänge imitieren und immer mehr menschliche Arbeitsplätze schon ersetzt haben — fragt sie, die Manager, die euch entlassen haben: ob sie auch den Maschinen eine Software verpaßt haben, die auf der Grundlage der Arbeitsfreude funktioniert? Freuen sich auch die Roboter, wie ihr, jeden Montag auf den Arbeitsbeginn? — Oder sind es Geräte, wie ihr, die auf Knopfdruck zu arbeiten beginnen, nichts anderes im Kopf, als eingegeben wurde? Seit ihr maschinell ersetzbar seid — dämmert es da nicht bei euch?! Ihr seid gar nicht ersetzt worden!

Schivkov hatte indessen ein großes Grasbüschel in der Hand, das er rüttelte, daß ihm die Haare ausfielen.[3]

Wie zwölf seid ihr?
Apostel?
Musketiere?
Oder Sirenen?
Hört ihr Sirenen um zwölf?
Singen verführerische Frauen
bei eurem Arbeitsende?
Welche Sirenen singen bei euch?
Oder heulen sie bei euch,
die Sirenen?

Erst dann, wenn eure Arbeit Unverkennbares von euch selbst zum Ausdruck bringt, erst dann, wenn das, was ihr tut, eure unverkennbare Handschrift trägt, wenn es unverwechselbar ist, erst dann habt ihr Arbeit, die eines Menschen würdig ist,[4] erst dann lebt ihr — nur das kann Arbeit sein. Alles andere ist verlorene Zeit. Verliert eure Zeit nicht mit Arbeit, wie sie euch angeboten wird, und verliert sie nicht mit Freizeit, wie sie euch angeboten wird — fangt etwas Neues an: Lebenszeit! Das ist die Zeit, die niemandem abgeht — nur euch selbst. Lebenszeit ist Zeit, die vergeht — Arbeitszeit vergeht nie. Le-

3 Wem? Ihm? Dem Büschel?
4 Vielleicht ist nur das Nicht-Tun menschenwürdig?

benszeit ist die Zeit, mit der niemand rechnet. Sie ist keine Zeit, sie ist Dasein, und Dasein hat keine Zeitform. Dasein, das den Menschen betrifft, ist veränderbar. Zeit ist nicht veränderbar, sie verrinnt unaufhörlich, ohne Pause. Dasein verrinnt nicht, Dasein hat Pausen, endet plötzlich, beginnt überraschend. Dasein springt von einer Form in die andere, Dasein ändert sich kontinuierlich oder auch unkontinuierlich — Dasein hat die Form des Anders-Werdens. Nur was anders wird, ist wirklich da. Wenn ihr da-sein wollt, fangt etwas Neues an: Ändert euch!

Im Angesicht des Gipfels legte Schivkov ein Schrittempo vor, das meinem nicht entsprach. Am Gipfel war Schivkov bei sich, ohne mich.[5]

5 Die entscheidenden Reden Schivkovs sind zweifelsfrei verschollen, weil ihm der Biograph nicht folgen konnte.

# Arbeit ist Knechtschaft. Plädoyer für Knechte. Düsseldorf als Menschendorf.

Schivkov ging in die Stadt, die sie Düsseldorf nannten, nahm ein Zimmer im Zentrum, legte sich ins Bett und sprach in das Mikro seines Aufnahmegeräts.

Arbeiter sind Knechte. Arbeit macht das Leben bitter; nicht süß — das behaupten nur die, die Arbeit verteilen. Arbeit, die für sich selbst geschieht, an einem selbst — das ist keine Arbeit, sie hat keine Zeit, keine Ferien: weil das Leben keinen Urlaub vom Leben kennt. Arbeit, die Ferien nach sich zieht, kann nie menschliche Arbeit sein.

Arbeit, gebt es zu: Arbeit knechtet. Das Gegenteil von Arbeit: Handeln.[1] Agieren. Wer keinen Rahmen für persönliches Handeln hat, der arbeitet; arbeitet personslos, entpersönlicht: arbeitet für andere, für anderes. Nur wer Taten setzen kann, lebt. Die Geschichte der Arbeiterschaft ist die Geschichte der Tatenlosen, Handlungsfreien — euch Arbeitern haben sie die Handlungen aus der Hand genommen und dafür ein Gewerkschaftsbuch in die Hand gedrückt. Die Gewerkschaft hat für euch ge- und ver-handelt — euch selber sind keine Handlungen mehr geblieben. Die Gewerkschaft hat eure Löhne verbessert, aber nicht euer Leben. Der Standard ist gestiegen, aber nicht das Leben.
Die Gewerkschaft arbeitet nicht an der Abschaffung der

1 Damit wird das Tätig-Sein bei der Arbeit als eine Un-Handlung abqualifiziert! Echte Handlungen tragen den Anstoß zur Veränderung notwendig in sich.

Arbeit, sondern an der »Humanisierung« der Arbeit. Sie gibt zwar indirekt zu, daß Arbeit ein Übel ist, das »humanisiert« werden soll — also ist sie inhuman —, aber sie will das Übel unter allen Umständen aufrechterhalten: ohne dieses Übel ist das Leben nicht mehr lebenswert, behaupten sie. Der Arbeiter braucht die Arbeit, behaupten die Gewerkschaften, denn ohne Arbeit hat der Arbeiter keinen Lebenssinn mehr.

Nie haben sich die Gewerkschaften darüber den Kopf zerbrochen, wie der Arbeiter leben soll, immer haben sie sich den Kopf darüber zerbrochen, wie er arbeiten soll. Keine Arbeit, kein Leben, sagt die Gewerkschaft; Knechtschaft ist die Voraussetzung des Lebens, und wir sorgen dafür, daß die Knechtschaft immer süßer schmeckt. Die Gewerkschaften haben es geschafft: die Arbeit schmeckt so süß, daß eine Gesellschaft von Arbeitssüchtigen entstanden ist — die Arbeitssuchenden sind in Wahrheit Arbeitssüchtige!
Schivkov öffnete die Tür des Zimmerkühlschranks und entschraubte sämtliche Mini-Schnapsflaschen; humane Alk-Einheiten, genormt auf Arbeitsfähigkeit.

Die Arbeit darf nicht *verbessert* werden, sie muß *abgeschafft* werden! Die Botschaft der Gewerkschaft heißt: erleichtert die Tätigkeit der Sklaven! Die Botschaft Schivkovs heißt: Ohne Arbeit geht es nicht, und Arbeit ist und bleibt Sklaverei, also: Sklaverei muß sein, es lebe das Sklaventum, und heute erst recht, jawohl, es gibt auch ein Oben und Unten, ein Befehlen und ein Ausführen — ABER NICHT UNTER MENSCHEN! Ich verkünde euch die neue, fröhliche Sklavengesellschaft: alle Menschen sind Herren, alle Maschinen sind Sklaven![2]

---

2 Tatsache ist, daß Maschinen bisher nur als Herren eingesetzt wurden, oder als Damen. Keine Fröhlichkeit weit und breit!

Rom und Athen blühten jahrhundertelang — auf Kosten von Sklaven. Ihr Barbaren wart damals die Sklaven der großen Reiche, die die Drecksarbeit zu verrichten hatten, während die Bürger der Antike sich ihren Einfällen, Phantasien, Lüsten und Künsten hingaben.
Aber ihr Würmer wart fleißig in den letzten tausend Jahren — immer neue Völker und Gruppen habt ihr versklavt, ihr habt euch nach oben gearbeitet, verzweifelt habt ihr Ausschau gehalten nach immer neuen Sklaven — bis keine mehr vorhanden, verfügbar waren. Alle versklavt, ihr selbst auch! Keine Zusatz-Sklaven in Sicht! — Bis ihr sie euch selber geschaffen habt, vor 150 Jahren: die Maschinen, eure Arbeitsfresser. Ihr habt sie bewundert, habt sie vergöttert und angebetet — eure Kollegen, die präziser sind als ihr selbst, selbstgenügsamer, ausdauernder und billiger. Und ihr habt sie befeindet, bis heute, eure Götter — weil ihr selbst nie so perfekt und untertänig in einem sein konntet.

Als eure Maschinen entstanden, erstand euch euer großer Denker, der euch zu Übermenschen machen wollte. Er hat dem kommenden Übermenschen schriftlich bestätigt, daß er notwendig ist und daher auch kommen wird. Die Untermenschen ließ er weiterschmoren; er brauchte das Gewürm für die neuen Übermenschen!
All dies traf ein, nur seitenverkehrt: nicht der Übermensch wurde geboren, sondern der Untermensch! Der neue Un-Mensch! Der gesteuerte Menschen-Imitierer, der schlechte Nachahmer, total abhängig, entscheidungsunfähig, nur kombinierbar, nicht autonom, sondern heteronom: die Fremdsteuerung ist das Innerste und Eigenste des Untermenschen, der Maschine, des Roboters, der künstlichen Intelligenz.

Schivkov leerte, wie das Tonband bewies, ein Schnapsfläschchen nach dem anderen.[3]

Es lebe das neue Düsseldorf! rief Schivkov, das neue, arbeitsfreie Düsseldorf, das Menschendorf, das die Sklaverei perfektioniert! Schickt Maschinen nach Düsseldorf, und eines Tages wird Düsseldorf leben! Die Maschinen Düsseldorfs werden arbeiten, und die Menschen Düsseldorfs werden leben!
Jeder, der sich mit Maschinen solidarisiert, ist kein Mensch! Die Sklaverei muß weitergehen: aber ohne Menschen! Der Untermensch ist die Maschine.
Alle Rechte müssen den Maschinen entzogen werden! Alle Steuern, die bisher Menschen als wertschöpfende Produzenten zu zahlen hatten, müssen ab sofort die Maschinen bezahlen!

Die Maschinen, die den Menschen die Arbeit, also die Entfremdung, wegnehmen, werden gebührend bestraft: sie müssen in Hinkunft alle Steuern bezahlen, von denen die Herren sorglos leben: unter den neuen Herren, und das seid ihr alle, werden alle Steuern und alle Profite, die die Untermenschen abliefern, gleichmäßig verteilt — Geldbeschaffung ist Aufgabe des Untermenschen Maschine.

Jetzt geht es nur mehr darum, daß alle Menschen Übermenschen sind: die sklavenmäßige Behandlung des Untermenschen Maschine garantiert auch dem unbedeutendsten, kleinsten Menschen den Status des Übermenschen. Der Übermensch ist geboren, weil der

3 Der Berichterstatter liegt schon im Bett./Das Tonband ist ohnehin werkgetreuer.

Untermensch Maschine endlich funktioniert! Die Sklaverei bleibt — aber nicht auf der Seite des Menschen! Düsseldorf ahoi![4]

Die Sklaverei hat einen neuen Abnehmer, ein neues Objekt: Die Delegierungsmaschinerie hat ihren Bogen überzogen und hat, ob sie es jetzt rückgängig machen will oder nicht, auch die Sklaverei delegiert, weil sie mit Maschinen offensichtlich effizientere Ergebnisse erzielt: *Arbeit ist eine Kategorie, die ab jetzt der Maschine zugeschrieben wird!*
Menschen, die auch jetzt noch arbeiten wollen, beharren auf ihrem Selbstverständnis als nützliche Maschinen. Menschen, die weiterhin arbeiten wollen, dürfen weiterhin arbeiten, wie die Maschinen, gemeinsam mit den Maschinen, und sie sollen genausoviel verdienen wie die Maschinen und genausoviel Urlaub haben wie die Maschinen.

— Wer jetzt noch arbeiten will und genausoviel Steuern zahlen will wie die Maschinen, ist zwangsläufig Knecht. Ein Recht auf Solidarität haben Maschinen erst dann, wenn sie sich weigern, zu arbeiten: ein Recht auf Solidarität haben Arbeiter erst dann, wenn sie sich weigern zu funktionieren: wenn sie handeln, wenn sie autonom sind.

Die Dauer-Arbeitslosigkeit
tritt ein,
wenn der Laden richtig läuft.
Erst, wenn die Maschinen
volles Programm machen,

4 Unversklavte Matrosen — raustreten!

wenn sie tun, was sie können, ohne Pause, non-stop,
wird der Mensch absolut nichts tun, ohne Pause,
pausenloses Nichtstun!

— oder,
wenn die Erinnerung an die Pausen
zu stark wird
und zu angenehme Gefühle auslöst:
dann ist eine kleine Pause gestattet:
die Arbeitspause:
die Pause, in der das Nichtstun
unterbrochen wird
durch Arbeit.

Oder war es schon immer so?

Schivkov warf zwei leere Schnapsfläschchen nach draußen. Kurz bevor sie das Draußen erreichten, prallten sie von der getönten Fensterscheibe wieder nach innen. Der Hinauswurf war ein getönter Hineinwurf.[5]

Das Problem der Arbeitszeit und der Arbeitslosigkeit und des humanen Arbeitsplatzes und der Pensionen, das alles ist ja dasselbe Problem: es kann erst dann gelöst werden, wenn *nicht* mehr vom Menschen als Arbeitsmittel und Werterzeuger ausgegangen wird: sondern nur mehr von der *Maschine*!

Die Maschine, die aus dem lateinischen machina (deus ex machina) kommt,[6] kommt noch früher aus dem grie-

---

5 Uns wundert nichts mehr.
6 Dieser Exkurs dürfte später hinzugefügt worden sein: in Düsseldorf wird eine andere Sprache gesprochen, das weiß auch Schivkov.

chischen mechanē, Hilfsmittel, Kriegsmaschine. Wo die Maschine herrscht, herrscht Krieg. Jawohl! Dieser Krieg wurde bis gestern unter Menschen ausgetragen: jetzt trägt ihn die Maschine aus: Nationalökonomiemaschine gegen Nationalökonomiemaschine! Der Wettlauf der Arbeitsroboter hat eingesetzt — ein anderer als ein Arbeitsroboter hat nie existiert!

Seit es Arbeit gibt, wurden Roboter dazu verpflichtet. Zuerst menschliche, die zu Maschinen degradiert wurden; jetzt maschinelle, die zu Menschen degradiert werden: versklavt: der Roboter ist das dem Menschen gemäße Objekt der Versklavung, des Hasses, der Haß-Liebe, der Lust und der Not. Roboter stammen aus dem Tschechischen und dem Polnischen, wo *Robota* Arbeit heißt.

Der Roboter ist kein Menschenimitator (höchstens Imitation des zur Arbeit entfremdeten Menschen), sondern einer, der Frondienst zu leisten hat: der Roboter ist *euer Sklave*!

Der Zeigefinger
ist das größte Organ des Lehrers.
Allen Pädagogen
wird die rechte Hand abgehackt.
Jetzt können sie nicht mehr
das Richtige vermitteln.

Der Roboter hat zwei Ausformungen, zwei Rassen: einerseits der Mikroprozessor, der euch zur Zeit die Wohnzimmertüren eintrampelt, andererseits der Makro-Prozessor: er wird erst im 21. Jahrhundert erfunden, wenn die Ära des Mikro-Prozessors überraschend langweilig geworden ist. Der Makro-Prozessor beschränkt sich nicht mehr auf vorwiegend mechanische Nachahmungstätigkeiten im Bereich des humanen Lebens auf der Erde, sondern kehrt die Perspektive völlig um: er ahmt nicht mehr humane, irdische Verhältnisse nach, sondern galaktische. Und das ist erst seine erste Stufe, die nächste ist die intergalaktische und so fort. Und so fort heißt: er simuliert die Bewegung des Weltalls, die den Menschen zur Zeit bedeutungslos erscheint. Er wird der einzige sein, der diese Bewegung sinnfällig darstellen wird, indem er den Zeitfaktor vernachlässigt, das heißt, in den Griff bekommt: er kann in einer Minute den Ablauf einer Sekunde simulieren — oder auch den Ablauf aller bekannten Zeiten. Eine Stunde, ein Jahr, die Zeit eines Menschenlebens wird erscheinen als Nichts, wird erscheinen aus der Perspektive des Alls.

Die Perspektive des Alls gibt es nicht, der Makro-Prozessor wird vorgeben, sie zu vermitteln. Es ist die Perspektive der Mathematik. Wohl aber gibt es Zeiten und Räume, mittels derer Menschen das All bestimmen. Der Makro-Prozessor übersetzt symbolische mathematische Dimensionen in symbolische anschauliche: in die Mythologie der Menschen.

Neue Dimensionen der Zeit und des Raums wird der Makro-Prozessor ins Kino, vors Auge bringen: ihr werdet die Entstehung der Erde sehen und das Verlöschen der Erde — und ihr werdet gesehen haben, daß ihr einem unbedeutenden Vorgang beigewohnt habt. Aber auch diese Maschine ist ein Knecht.

Schivkov kippte das Fenster so heftig nach draußen, daß es samt dem Rahmen hinausfiel. Jetzt schleuderte er alle

Schnapsfläschchen hinaus, nur sich selbst behielt er noch drinnen, weil er seinen Körper mit einer Hand an der Mauer festhielt. In das nächtliche Düsseldorf, das offen und ungetönt unter ihm lag, sprach Schivkov mit lauter Stimme:[7]

Der Mikro-Prozessor kann euch nichts lehren — ein Prozessor, eine Maschine kann überhaupt nie etwas lehren! Hilfsmittel, das du bist, Computer, Kriegsmittel! Der Mikro-Prozessor, geliebte Düsseldorfer, kann euch im äußersten Fall die höchst banale Einsicht vermitteln, daß bestimmte menschliche Handlungsabläufe automatisierbar, maschinell nachahmbar sind. Wehe denen, die nicht erkennen, daß die Handarbeit, die Fußarbeit: die Körperarbeit! damit endgültig zu Ende gegangen ist.[8]

Mikro-Prozessoren simulieren menschliche Tätigkeiten, inklusive das Kleine 1×1, das dem menschlichen Hirn als Grundmuster seiner Tätigkeit eingeätzt worden ist. Mikro-Prozessoren sind daher als Erkenntnismittel untauglich, sie sind untergeordnete, handhabbare Wesen, die nur über den Zustand der Menschen, die sie produziert haben, Auskunft geben. Der Zustand dieser Wesen ist bedenklich, sie haben weder ein selbstkritisches Element in sich, noch ein aktives: sie sind nicht autonom handlungsfähig: sie sind Wasserträger, Diener. Wer hat sich je erfrecht, unkritische, abhängige Wesen als Abbild des Menschen zu bezeichnen? Wer? Die frechen Software-Produzenten, die die freche Gegenfrage stellen: Wer hat je die realitätsfremde Theorie von den autonomen Menschen erfunden? — Sie kennen diese Theorie nicht mehr. Es ist die Theorie, die unter dem Namen Philoso-

7 Der Biograph stand unten, in Düsseldorf.
8 Arbeit ist nie mehr eine Dimension des Körpers!

phie zwischen dem 5. Jh. v. Chr. bis Mitte des 20. Jh.s bekannt gewesen war ...

Jede Software, jeder Mikro-Prozessor funktioniert nur insofern und so lange, als die Benützer das Bild des Menschen als eines nützlichen Wesens akzeptieren. Das ist die Frage, Düsseldorfer, Lebensdorfer: kann die Frage nach einem Bild des Menschen überhaupt zugelassen werden? Diese Frage ist geklärt: Wer sie stellt, ist automatisch ein Realitätsdissident! Denn wer mit dem Mikro-Prozessor arbeitet, der braucht kein Menschenbild — das ergibt sich von selbst — Effizienz! Funktionalität!

Ja, der Mikro-Prozessor imitiert Menschen: Menschen, die mehr leisten möchten.[9] Ich aber sage euch, bald wird es den Makro-Prozessor geben, dessen Maß nicht der Mensch ist — nur seine Übersetzung hat das menschliche Maß, nämlich das Hirn des Menschen, als Ziel. Der Makro-Prozessor, Imitator des Alls, bringt eine einfache Botschaft: das einzig Natürliche ist die Bewegung. Wenn etwas unnatürlich ist, dann die Nichtbewegung. Jede Versteifung ist eine Versteifung auf das Un-Leben, das Un-Sein. Leben ist, wie der Makro-Prozessor aufzeigt, keine Sonderform des Daseins — Dasein ist nur als bewegtes Dasein möglich; statisches Dasein gibt es nicht im gesamten All, nur in den Vorstellungen von menschlichen Hirnen. Das All ist nur ein Teil, dessen die bewegte menschliche Erkenntnis fähig ist. Ein unbedeutender Teil — deswegen ist auch der Makro-Prozessor nur ein Knecht, der einem Nutzen dient:
der Verschiebung der Perspektive von der Humanität zur Universalität. Der wahre Düsseldorfer aber geht noch weiter.[10]

---

9 Das ist die längste Ansprache Schivkovs. Ein Leistung.
10 Auch wenn die Perspektive fehlt? — Ja!

## Wir sind alle gleich: die Maxime von Maschinen. Rede vor Gräbern.

Eure große Revolution hat Geburtstag, sagte Schivkov und griff zu einem Papiertaschentuch, um seine Nase zu säubern, und das Ergebnis liegt vor mir, unter mir, hier auf dem Père Lachaise[1]: Knochen und Steine als Zeugen eurer Ideen, Namen, die sich krampfhaft in den Grabsteinen der Gegenwart behaupten. Die Revolution hat gesiegt; gewonnen haben die Unterprivilegierten, aber erst knapp zweihundert Jahre später, als die Begriffe entleert und die Bürokratie des chauvinistischen Nationalstolzes gefestigt war.

Die Verwalter der Revolution, seht sie euch an, heute — eine imbezille Herde gesichtsloser machtbesessener Stolzer, die ihre Wimpel mit der Aufschrift »liberté, égalité, fraternité« lustig schwenken, entmündigte Kinder eines chaotischen Kindergartens, die die Entmündigung aus Gründen des Nationalstolzes zum Staatsprogramm erhoben haben: wie sonst ließe sich euer Stolz erklären! Die große Nation — regiert vom Stolz; die Regierung — gesichtsloser Stolz von unterentwickelten Individuen.

Ihr stolzen Nachfahren der Revolution, euch werden die drei ideellen Standbeine eures Melkschemels unter euren fetten Hintern herausgeschossen: die Brüderlichkeit ist schon erledigt, von der parteilichen Schwesterlichkeit

1 Friedhof in Paris.

eingeholt und zerstampft, von der neuen Geschwisterlichkeit versenkt.

Einheitlich geht nichts mehr;
denn Einheit ist Gleichheit,
und mit den Gleichen eins zu sein —
das ist wohl das letzte,
das mir passieren kann!

In diesem geschichtlichen Moment, in dem ihr die Revolutionsideale feiert, verschwindet gerade auch das zweite Bein des Melkschemels, die Gleichheit. War schon die Brüderlichkeit auf einem Auge blind (auf dem Auge der Schwester): die Gleichheit ist es auf beiden Augen geworden: Gleichheit, jetzt wissen wir es, ist die Maxime von Maschinen. Seit Maschinen den Arbeiter ersetzen können, heißt die Forderung von Menschen nach Gleichheit: wir wollen dieselben Rechte wie Maschinen!

Wir sind alle gleich ... Schivkov kickte ein Grasbüschel vom Grab Baudelaires weg, ... wenn wir alle gleich wären, wären wir nicht einmal Hunde.

Es war kein Paris, in dem Schivkov diese Sätze sprach. Dieses Paris konnte nicht als Paris Baudelaires anerkannt werden.

Gleich sind immer nur Maschinen gewesen, leibnizsche und cartesianische Maschinen. Die alten Denker haben keine Widersprüche ausgehalten. Die neuen Manager auch nicht; die neuen Manager huldigen dem alten Denken. Sie verwalten ein Kollektiv von Unmenschen. — Doch das Kollektiv hat sich verabschiedet. Die Masse ist dabei, abzudanken — zum Ich. Daher werden auch die Manager arbeitslos.

Alle Wahrnehmungen, die das Kollektiv der Arbeiter bisher gemacht hat, waren Falschnehmungen. Kein Ich hat sie gemacht, nur das Kollektiv, die Gleichheit. Es war die Wahrnehmung von Maschinen.

> Maschinen nehmen alles »wahr«.
> Nur Menschen können falschnehmen.
> Die Wahrheit gehört auf den Misthaufen
> des Un-Ichs.

Die Abdankung des Kollektivs — Schivkov warf Konfetti auf die Gräber des Père Lachaise, bunter, flitternder Schnee fiel auf die unterschiedlich Toten des Friedhofs — führt zum großen Illusionsdefizit: euch nehme ich nicht nur den Glauben an die Arbeit, sondern auch noch den Glauben an die Identität eurer selbst als abhängige Werktätige. Ohne Werk-Tat kein Mensch-Sein, habt ihr geglaubt, und jetzt heißt es auf einmal: ohne Tat kein Mensch-Sein.

Die Werktätigkeit, das Tun für andere und andres ist minderwertig: in der Natur gibt es kein Abhängig-Sein, sondern nur ein Sich-Durchsetzen! Werktätigkeit, Arbeit — das ist die Beschäftigung von Gleichen, ersonnen von Ungleichen, die für sich arbeiten lassen. Die Ungleichen, die Unternehmer, setzen Kapital ein. Die Gleichen, die Arbeiter, haben nur einen Einsatz: ihr Leben.

Unternehmer riskieren Kapital, Arbeiter riskieren nichts: sie gehen auf Nummer Sicher: sie riskieren nur sich selbst und verlieren dabei nichts: weil sie Austauschbares riskieren, Gleiches. Sie sind sofort ersetzbar. Unternehmer sind unersetzbar.[2] Immer haben Unternehmer größere Sorgen als Arbeiter. Unternehmer haben viel mehr Verantwortung. Arbeiter verantworten nur ihr Leben, ihre Kinder und Frauen, ihre austauschbaren Familien. Arbeiter können nichts verlieren, Unternehmer verlieren bei jeder Börsenschwankung. Das Risiko der Inflation ist ungleich größer als das Risiko der Entlassung. Entlassungen zerstören bloß einzelne Schicksale, ein Börsenkrach ruiniert Trusts und selbst Regierungen. — Börsenschwankungen begünstigen das Erstarken von regierungsfeindlichen Ideologien. Börsenschwankungen sind daher immer von regierungsfeindlichen Ideologen hervorgerufen worden.

Gehört der Calvados den Bauern, den Arbeitern, oder der Regierung? — Wir müssen zu den Bauern gehen, die den Calvados produzieren. Und nicht zur Regierung, die den Calvados verteilt. Was immer die Regierung verteilt: sie verdient daran. Eure Regierungen sagen immer, Calvados gehört allen — der Profit am Calvados nur der Regierung.

Schivkov griff in seine Manteltasche, und siehe da, eine Flasche Calvados fand sich dort. Calvados für alle! rief Schivkov in seinem braunen Ledermantel in der Pariser Februarkälte. Und er nahm einen großen Schluck und warf die splitternde Flasche gegen den nächsten Grabstein. Die Erde trank sich tot.[3]

---

2 Schivkovs zynische Ader.

3 Dieser Satz blieb hier nur aus Gründen der Pietät.

# Schivkov und der Lebens-Entwurf

Euer Leben läuft in die falsche Richtung!
Schivkov stieg aus dem gelben Taxi und sagte: Gelb ist nicht gelb!

Die, die leben, leben nicht in der Gegenwart. Leben geht so: Ich lebe jetzt, aber Leben ist ein gegenwärtiges, das seine Substanz aus der Zukunft bezieht. Wer nichts aus der Zukunft bezieht, hat kein Leben bezogen. Wer nur jetzt lebt, lebt nicht. Auch das Ich ist kein gegenwärtiges.

Schivkov klopfte dem Fahrer auf die Schulter, damit er anhalte. Bei geöffnetem Wagenschlag sprach Schivkov, mehr zum Taxi als zum Lenker: Yellow isn't yellow and a cab isn't a cab![1]

Die Dinge sind nicht so, wie sie sind, denn die Dinge scheinen. Dinge scheinen wie Sonnen. Man nimmt sie wahr, aber sie sind nicht zu be-greifen. Auf diese Erde scheinen viele Sonnen, Neger-Sonnen scheinen auf die Erde und Indianersonnen und Chinesensonnen und Buddhistensonnen und Christensonnen und Kapitalistensonnen. Viele Menschensonnen scheinen auf die Erde; dann aber auch noch Tiersonnen und Pflanzensonnen. Endlich aber auch noch Steinsonnen und Meersonnen und Wüstensonnen und Schlammsonnen.

Die Sonne. *Die* Sonne scheint nicht: es scheint nur die Sonne, die zum Bezugsrahmen von etwas Vorhande-

---

1 Nach einem populären Lied von J. Watson.

nem gehört. Da die Rahmenbedingungen, die Wahrnehmungs- und Verarbeitungsmöglichkeiten selbst nur der gegenwärtig existierenden Menschen stark differieren, scheinen auf die Menschen die unterschiedlichsten Sonnen: Die Sonne der Papuas besteht nicht aus Helium. Die Sonne der Weißen scheint nur, wenn sie genutzt werden kann. Die Sonne der New Yorker scheint, damit sich das elektrische Licht erholen kann.

Die Dinge sind nicht, was sie sind: sie sind immer in einem Bezug, immer beziehen sie sich auf etwas. Ein Taxi, das nie einen Fahrgast befördert, ist kein Taxi, sondern ein Auto. Ein Auto in einer spritfreien Zone ist kein Auto, sondern eine Anhäufung von Metall, Kunststoff, Gummi, Glas und Luft. Ein Hund, der seine Blase nicht entleeren kann, ist kein Hund. Eine Kappe, die nicht auf einem Kopf sitzen kann, ist ein Stoffgebilde. Ein Aschenbecher, in dem Fische schwimmen, ist kein Aschenbecher, sondern ein Swimmingpool, in dem verirrte Fische ein Sonnenbad nehmen, weil sie nach Knoblauch stinken.

Schivkov ging an den Rand des Gehsteigs, um einem gelben Taxi zu winken.

Ein Hochhaus, in dem Ameisen wohnen, ist kein Hochhaus, sondern eine Schutzzone gegen eindringliche Ameisenbären mit sehr dicken runden Rüsseln.

Schivkov stand in der belebten 6. Straße und tat so, als ob er eine Litanei betete. Er hatte eine Kappe als Kopfbedeckung und überlegte, ein Taxi zu rufen.

Eine Asphaltstraße, die nur von Büffelherden benützt wird, ist keine Asphaltstraße, sondern der Ruin der Hufe. Ein Türkenviertel, das nur von Berlinern bewohnt wird, ist kein Türkenviertel, sondern ein Berlinerviertel. Gnade Gott! Ein Feuerzeug, das sein ganzes Leben lang in einer Pissoirmuschel lebt, ist kein Feuerzeug, sondern ein Toilettengegenstand. Ein Schwarzer, der nie einen Weißen gesehen hat, ist kein Schwarzer, sondern ein Mensch. Ein Tag, der plötzlich in der Nacht auftaucht, ist kein Tag, sondern ein Alptraum mit Edelweiß.[2]

Schivkov verließ sein Hotelzimmer und schritt ziellos hinaus auf die Straße. Dieser Stadt hatte er keine Botschaft anzubieten. Dieser Stadt ist jede Botschaft zuviel. Eine einzige Botschaft, und die Stadt bricht zusammen, flüsterte er.[3]

---

2 Diese Parabel, deren Zeit gegenläufig dargestellt wird, strahlt eine seltsame Unwirklichkeit aus; Schivkov ver-rückt die Dinge aus ihrer üblichen Handhabung und Bedeutung. Die Begriffe müssen wieder mit neuen Inhalten erfüllt werden, sonst bleiben sie in der Schwebe. Skepsis ist der Beginn von Bewußtsein.

3 Wäre es nicht wenigstens den Versuch wert gewesen?

## Schivkov und die Ärmsten

Zuallererst müssen die befreit werden, die in den tiefsten Stufen der Erniedrigung dahinvegetieren, täglich gefoltert werden, die eine Stimme haben, aber nicht gehört werden, die Augen haben, die aber nichts sehen dürfen, die Hände haben, aber nichts begreifen dürfen, die Hunger haben, aber mit Plastik, Beton und Benzin gefüttert werden, die Ohren haben, aber nur das Dröhnen des leeren Erfolgs wahrnehmen können, die Füße haben, aber nur, um das Quadrat ihres Kerkers auszumessen, die ein Lächeln haben, das Granit erweichen könnte — hätten sie es nur mit Granit zu tun! —, ihr Lachen stößt auf Vanadium, auf vanitas, vanitatem; die eine Verdauung haben, und man läßt sie in der Scheiße liegen, die Bäume umreißen wollen und Pferde stehlen, aber es gibt keine Bäume mehr, und die Pferde sind ins Nichts geritten; — zuerst müssen die befreit werden, die das Zeug zum Menschsein in sich gehabt hätten — und sie wären geworden, was euch den Boden entzogen hätte, die Toupets von den Köpfen geblasen hätte, die gelifteten Hälse zusammengeschnürt hätte, die elektronischen Einspritzpumpen verklebt hätte, die verlogenen Münder blutig geschlagen hätte, die vergifteten Herzen auf dem Scheiterhaufen der Liebe gebraten hätte: eure Kinder.

Wie ist das, fragt ihr immer,
wie soll das gehen: die Befreiung?
So fragen die, die keine Übung haben
in der Befreiung.
Die Befreiung geht so:
Sein lassen.

Nicht: *Laß* es sein, sondern:
laß es *sein*!
Wer Sein läßt, gewährt Sein.
Seid großzügig, ihr Sein-lasser,
Erb-lasser, Leb-lasser!
Wer Sein will, freut sich: daß Sein ist.

Ihr haßt eure Kinder, denn ihr wollt aus euren Kindern etwas machen. Liebtet ihr eure Kinder: ihr würdet sie sein lassen.

Die Befreiung geht so: nichts vor-haben mit dem Leben.
Das Leben lebt.
Eure Ziele kennt das Leben nicht. Eure Kinder auch nicht; bis daß sie euch als Eltern kriegen. Eure Kinder sind die Ärmsten der Armen; sie könnten leben, haben aber euch als Eltern.

Schivkov wandte sich ab von seinen drei Zuhörern und verließ die Stadt, die sie Linz nannten, zu Fuß.[1] Es ist nicht gut, daß es mich gibt, sprach er zu den Straßenleuchten. Warum habe ich zu sprechen begonnen?[2]

---

1 Ein langer Marsch in Richtung Autobahn.
2 Eine Frage, die Linz bestimmt nicht beantworten kann.

Die Alten, die nicht mehr beißen können;
die Dummen, die nicht mehr kochen können;
die Geschmacklosen, die keine Gewürze kennen;
die Herabgekommenen, die Gummi für Fleisch halten;
sie alle
gehen ganz gern
hin und wieder
zu MacDonalds.
Und uns Jungen
schmeckt der Fraß,
den sie für die zahnlosen Alten produzieren,
von Jahr zu Jahr besser.

Jeder Hund
beißt besser als der Mensch.
Wir müssen wieder
auf den Hund kommen.

Jeder Hund
pißt besser als der Mensch.
Noch ist das Hunde-Cola
nicht erfunden.

Dem Hund geht's gut,
er kann nicht weiter sinken.

Eßt nicht, was gut schmeckt —
euer Geschmack ist schon verdorben.
Bevor ihr eßt, prüft euren Geschmack.

Lebt nicht gut,
euer gutes Leben hat stets von euch weggeführt.
Bevor ihr lebt, prüft, ob ihr ihr selber seid.

## Schivkov und die Faulheit

Immer habt ihr die Welt nur verstanden als Arbeitswelt. Das, was ihr von der Welt zu verstehen glaubt, ist euch nur aus der Sicht der Arbeit zugänglich, der Begriff der Arbeit vermittelt euch das Begreifen der Welt. Ein menschliches In-der-Welt-Sein ohne Arbeit seid ihr nicht imstande als menschlich anzuerkennen. Euer Menschenverständnis ist, kurz und präzis: animal laborans. Arbeit ist keine Notwendigkeit, keine Möglichkeit, kein Übel für den Menschen — sondern das, was ihn auszeichnet gegenüber den anderen Lebewesen: Grund und Ziel. Wer nicht arbeitet, fällt aus der Realität des Menschen heraus, er lebt bloß; bloßes Tier; die Nichtarbeiter sind die Realitätslosen. Eure Arbeitslosen gieren nach Arbeit, weil sie nach Realität gierig sind. Eure Arbeitslosen sind Tiere, die wieder so werden wollen wie ihr: volle Menschen. Ihr seid voll, sie sind leer — von Arbeit.

Doch die Arbeit gehört nicht zur Grundausstattung des menschlichen Wesens. Der Kern des Menschseins liegt in einem kurzen, aber ständigen Impuls: leb! — Es ist der Impuls, der im Blut liegt, *im Puls,* in jedem Pulsschlag: leb! ruft jeder Schlag dem Körper zu. Arbeit, Moral, Sozietät, Heimatlichkeit, Gemeinsamkeit, Gerechtigkeit — das sind die Folgen des Impulses, aber nicht der Impuls selbst! Euer ursprünglicher Lebensimpuls ist zugedeckt, unkenntlich, verschwunden, verdorben. Ihr lebt nicht in und mit den Wurzeln des Lebens, sondern als Ableger des Lebens, denen die Verbindung zu den Wurzeln genommen ist.

In euren Adern pocht nur mehr eine Ahnung vom Leben: es ist das Dröhnen der Maschinen, die euch zum Symbol eures Daseins geworden sind. In euch rauscht kein Blut, in euch klappern Räder. Was nicht klappert und plappert, erklärt ihr für tot, es *ist* tot für euch.

Hättet ihr einen zweiten Kopf außerhalb eurer Knochenkugel mit dem Freßloch am oberen Ende des Körpers[1] — hättet ihr Augen, mit denen ihr euch aus geziemender Entfernung betrachten könntet, ich meine, hättet ihr eine andere Perspektive außerhalb eurer Perspektionslosigkeit: ihr könntet gebannt und entsetzt und angewidert feststellen, daß alles an euch klappert, daß alles sich dreht und wendet und schraubt und lärmt für das große Ziel der Zahlenveränderung auf euren Lohnstreifen, von der ihr euch die Lebensveränderung erwartet.

Schivkovs gedachte Rede fand auf der Piazza del Popolo statt.[2] Der reale Schivkov stand auf dem Pincio und sah sich eine Rede halten vor der überfüllten Piazza. Er stellte sich vor, wie der gedachte Schivkov während seiner Rede an den realen Schivkov über ihm, auf dem Pincio, dachte. Das nahm dem realen Schivkov einiges an Realität — setzte aber dafür seine gedachte Rede stärker in die Welt ...

Wenn die Wirklichkeit so aussieht, wie sie nun einmal aussieht bei euch, dann — das würde euer zweiter Kopf, der mit der Perspektive, klar erkennen —, dann kann es doch nie und nimmer ein Ziel sein, nach mehr

1 Die anatomische Beschreibung wirkt nicht sehr freundlich, entbehrt aber nicht einer gewissen Präzision.
2 Oder fand die wirkliche Rede auf der gedachten Piazza del Popolo statt?

Realität dieser Art sein Leben einzurichten, abzurichten. Im Gegenteil, Ziel des lebendigen Impulses kann nur das Verschwinden eurer Wirklichkeit sein.

Der Realitätsverlust kann nie und nimmer als ausgrenzender, negativer, trauriger Niedergang des Daseins bewertet werden — wenn es um ein Dasein geht, das wie eures strukturiert ist! —, sondern muß geradezu als Ziel erscheinen, als Ziel des Lebendigen. Der Realitätsverlust ist geradezu die Voraussetzung für ein mögliches Leben in einer Realität, die nur mehr als fortwährendes Sterben einzustufen ist.

Wollt ihr eurer Realität entkommen, dann relativiert zuerst einmal euren Begriff der Realität — erkennt, daß es nicht um *die* Realität geht, sondern um *eure*, die es abzuschaffen gilt. Als erstes müßt ihr aus eurer Realität heraustreten, indem ihr bewußt aus der Arbeit austretet. Wer die Arbeit verläßt, verläßt die Realität — die schlechte, eure. Austreten ja, aber wohin? — In das Nichts! Tretet zuerst in das Nichts, das ist nicht negativ und nicht positiv, das Nichts ist das Nichtvorhandensein von Arbeit: tut etwas dagegen, daß es so weitergeht, wie es bis jetzt ging: werdet faul! Politischer könnt ihr euch nicht verhalten!

Arbeit ist die Tugend des Kollektivs,
Faulheit die Macht des Individuums!

Tut nichts, und das bewußt und andauernd und wider besseres Wissen: und euer Nichtstun wird die politischste Aktion, die überhaupt möglich ist. Nichtstun trifft den Nerv der Realität. Wenn ihr die Realität abschaffen wollt, dann tut nichts! — Jede Art von Tun wird vereinnahmt, ist mehrdeutig, interpretierbar, verwendbar. Das konsequente Nichtstun ist der konsequente Protest gegen eure konsequente Realität, die eine konsequente Macher-Realität ist.

Alles, was getan wird, erhält die Realität, die ihr habt. Alles, was nicht getan wird, höhlt sie aus. Nichtstun verweist auf den größeren Horizont. Wer nichts tut, hat eo ipso den größeren Horizont, er macht die Fehler nicht, die euch gemacht werden.

Ständig seid ihr aufgefordert, die Fehler eurer Regierungen, eurer Nachbarn, eurer Konzerne zu kritisieren und sie damit ins Bessere zu wenden, das heißt, lebbar zu machen — ich fordere euch auf, die Fehler eurer Gesellschaft sein zu lassen — sie soll an ihrem Dreck ersticken, und nicht verbessert werden![3] Ihr könnt anders werden, wenn ihr wollt — wenn ihr nichts mehr tut. Jedes Tun erhält alles. Das gezielte Nichtstun stoppt die Produktion.

Nicht in den Krieg gehen stoppt den Krieg.
Nicht Straßen bauen stoppt den Straßenbau.
Nicht Autos erzeugen stoppt den Verkehr.
Nicht Tun stoppt das Tun, und das Tun muß gestoppt werden, denn euer Tun ist gedankenlos, und gedankenloses Tun ist zwar in Tausenden Fabriken manifest, aber in keinem einzigen Menschenleben — oder nennt ihr Menschen-Leben, was der Profit will?

---

3 Schivkov ist ein Gegner der Reformen; alle Regierungsprogramme sind Reformprogramme — sie haben den Zustand hergestellt und verlängert, den zu überwinden neue Reformprogramme nicht mehr in der Lage sind. Schivkovs Radikalität ist neu: er schlägt nicht Gewalt vor, sondern das Austrocknen der Sümpfe durch strategisches Nichtstun. Im Brackwasser soll nicht mehr umgerührt werden.

Tut nichts — und das ständig —, und eure Macher werden vertrocknen! Die Gegenstrategie gegen die Realität ist die Faulheit. Das menschliche Maß in einer unmenschlichen Wirklichkeit ist das Nicht-Mitmachen. Schlagt den Ministern nicht die Köpfe ein, Köpfe-Einschlagen erhält die Realität. Nicht-Köpfe-Einschlagen unterminiert sie: nicht arbeiten, nicht protestieren, nicht konsumieren, nicht applaudieren, nicht vögeln, nicht Kinder kriegen, nicht essen, nicht schwimmen, nicht diskutieren, nicht Auto fahren, nicht wohnen, nicht besitzen, nicht streben, nicht wollen, und als Höhepunkt: nicht sterben — nichts tun, und dennoch nicht sterben. Nicht dabei sein in einer Realität, die nicht gewollt werden kann.

Jeder Protest erhält die Bürokratie. Jeder Nicht-Protest trocknet sie aus, jeder gezielte Nicht-Protest ist wirkungsvoller. Das gezielte Nichtstun ist das politischste Anti-Verhalten. Jedes Verhalten ist produktiv, nur das Nichtverhalten ist kontraproduktiv. Die Realität, wie ihr sie habt, braucht eine Kontra-Realität: die Nicht-Realität. Eine Realität, die keinen Entwurf ihrer Negation verträgt, wie eure, verträgt kein Individuum, kein Ich — eure verträgt nur Reformen und Rückwendungen, keine Vor-wendungen. Ihr bewegt euch schon wieder einmal den Talschaften eurer Geschichte zu. Nichts lieber als einen Kaiser hätten Frankreich, Ungarn, Österreich, Italien, Polen, Jugoslawien, Bulgarien, Spanien, England, Tschechei, Andorra, Monaco, Liechtenstein und Bayern heute — 200 Jahre nach der großen Revolution in Frankreich, die die Freiheit in einem Pariser Präservativ erstickt hat, die Gleichheit auf den Rolltreppen zu den Einkaufs-Puffs etabliert hat und die Brüderlichkeit zum analen Akt der Herrlichkeit umgewandelt hat.

Schivkov biß in die tropfende Hälfte einer Zitrone und trank aus tiefen Zügen. Allein, die Metapher stimmte nicht, und er brach seinen Aufenthalt in der Ewigen Stadt abrupt ab.[4]

4 Die Macht des Biographen schickt Schivkov fort aus Rom. Nachweislich verbrachte Schivkov acht Monate in der Tiber-Stadt.

Um das Geld braucht ihr euch nicht zu sorgen,
es ist genug da.
In euren Banken lagert Geld,
so viel,
daß es nicht einmal eure Bankdirektoren genau wissen.
Geht zur nächsten Bank und hebt ab.
Ihr braucht nichts zurückzuzahlen.
Die Banken sind froh,
wenn sie ihre Lager räumen können,
das schafft Platz für das Leben.
Jedes leere Geldlager
kann in eine Wiese zurückverwandelt werden.
Geld ist zahlbar,
Wiesen sind unbezahlbar.
Geht hin, nehmt das Geld, und laßt Wiesen wachsen!
Alle Schuldscheine schickt an Anatol Schivkov!
Schivkov ist bereit, alle Schulden auf sich zu nehmen!
Die meisten Bankdirektoren sind katholisch
und vergeben allen Schuldigern! Und allen Gläubigern!
Nehmt, was da ist, bevor es verrottet!
Und macht euch keine Sorgen um die Banken —
sie machen sich um euch
auch keine!

# Schivkov und die Pause

Die Pause ist der Freund des Menschen.
Nehmen wir an, jemand verbringt die meisten Stunden seines Lebens mit Arbeit — in den Pausen lebt er. Es gibt keine Arbeit ohne Arbeitspause. Laßt die Arbeit, nehmt die Pause!

Schivkov ging durch Lankowitz, und Lankowitz war so wie die Welt, die er verfluchte.[1]

Macht Pause von Lankowitz! Ein zweijähriges Pausendasein wird Lankowitz gründlicher zerstören als ein zweihundertseitiges Reformpapier! All euer Leben passiert nur in den Pausen — in den Pausen seid ihr, wie ihr seid, bei der Arbeit müßt ihr sein, wie ihr nicht seid. — Warum wollt ihr noch immer arbeiten? Ergreift eine Pausentätigkeit!

So, wie die Bauern in den Gegenden, in denen das Grundwasser verseucht ist, für das Nichtbearbeiten des Bodens bezahlt werden müssen, damit nicht noch mehr Dünge-Gift ins Wasser kommt, so müßt auch ihr bezahlt werden: nicht arbeiten verhindert die Produktion unnötiger und giftiger Waren und muß daher ebenso vom Staat finanziert werden wie Arbeit — denn Arbeit ist giftig, und die Entsorgung der giftigen Arbeitsstoffe kostet noch mehr als die bezahlte Verhinderung unnützer Arbeit.

1 Ob es sich um eine polnische Industriestadt handelt, war nicht zu eruieren.

Eure Staaten gehen unreflektiert in den Kreislauf der Maximierung. Das Ausheben eines Erdlochs kostet Geld und Arbeitskräfte. Das Loch aber ist gefährlich und muß wieder zugeschüttet werden — auch das beschäftigt Arbeiter, daher ist das Loch beschäftigungsfreundlich. Ihr grabt Gruben und schüttet sie wieder zu — damit es Arbeit gibt und Lohn und durch Lohn Konsum. — Hättet ihr keine Grube gegraben, hättet ihr nicht schwitzen müssen, und die Zugraber auch nicht. Ihr produziert Löcher und entwerft Strategien zum Verschwinden der Löcher — und das Konzept nennt ihr Beschäftigungstherapie, und alles läuft, die Löhne, die Steuern, die Pensionen.[2] Ich schlage euch vor, keine Löcher mehr zu produzieren, schweißlos, und keine Zeit mit dem Zuschütten der Löcher zu verlieren.

Ein Leben lang
kauen wir an den Gräten.
Uns ist der Geschmack des Fisches
unter dem falschen Gebiß abhanden gekommen,
wir wissen nur,
wie Gräten schmecken.
Wir beißen auf Knochen,
Fleisch lehnen wir ab,
denn wir wollen gesund leben,
und gesund sind wir nur,
wenn wir Diät halten.
Wer sich gesund ernähren will,
muß Kunststoff essen oder Steine.
Das allergesündeste Produkt:
gemahlener Stein!

---

2 Arbeit als Sisyphos-System.

Alle Mineralien in jedem Löffel Stein,
ohne Kalorie,
der Schiß so Stein wie vorher,
keine Belastung!
— Und ebenso das Ich: keine Belastung!
Gute Verdauung!
Das Ich: Ein Einheitsbrei in der Muschel,
gesammelt zum Wir in der Gülle,
ausgeführt auf die Wiesen,
die sich nicht mehr erholen —
Überdüngung!
Unsere Landschaften:
überdüngt von den Misthaufen des Landes,
überall Myzel,
auf dem Beton wächst.
Wir Bauern düngen,
und es wächst Beton.

Wer keinen Müll produziert, muß keinen Müll entsorgen. Die Produktion von Müll schafft Arbeit, oder andersherum: Arbeit ist in den Gegenden, in denen keine Lebens-Mittel durch Menschen-Arbeit hergestellt werden müssen, Luxus. Arbeit kommt zu teuer. Damit es Arbeit geben kann, werden ständig neue Produkte entworfen — Dinge, die mit dem Lebens-Nötigen nichts zu tun haben. Arbeit ist ein Luxus, dessen Entsorgung zu teuer kommt.

Ihr produziert Lebens-Müll. Das Herstellen des Notwendigen hat sich von der Arbeit abgewandt.[3] Die Nichtarbeiter produzieren heute das notwendigste Gut:

3 Die Arbeit hat sich verselbständigt — sie produziert nicht mehr Waren, sondern sich selbst!

Leben. Nur die Absichtslosen leben. Die Aussichten sind gut — aber nur, wenn die Absichten fehlen.

Schivkov setzte zwei feste Schritte auf Lankowitz, das unter ihm knirschte. Die Sonne ging auf, erreichte Lankowitz aber nicht. Es war jetzt schon etwa zwei Jahre her, daß keine Sonne schien in Lankowitz. Als ob sie ein Mensch wäre, machte die Sonne Pause in Lankowitz, um zu leben.

## Schivkov und die Freundschaft

Ich spreche jetzt zu euch zum letzten Mal.[1]
Ich war es, der bestimmt hat, daß ich gesprochen habe.
Ich bin es, der bestimmt hat, jetzt aufzuhören.
Ich höre nicht auf, weil es sinnlos ist, zu euch zu sprechen, ich höre auf, weil ich jetzt aufhören will. Nicht Resignation, nicht Leere ist es, die mich dazu zwingt: es zwingt mich nichts.

Würde ich weiter sprechen, das Buch mit meinen Reden könnte nie erscheinen. Ich bin weit weg von euch, wenn die Buchhändler dabei sind, dieses Buch zu verkaufen. Mein Ziel ist nicht der Markt, sondern der Mensch. Nachdem ihr als Spezialfall des Menschen aber ausschließlich marktorientiert organisiert seid — das heißt, daß ihr Nachrichten über den Menschen nur über eure Märkte aufzunehmen imstande seid —, habe ich mich entschlossen, meine Botschaften auf eure Märkte zu werfen. Wie ihr seht, habe ich die visuellen Medien dabei gemieden. Ich wählte das Buch, und das Buch darf kein Foto von mir enthalten. Es gibt kein Foto von mir. Das Bild von mir entsteht in jedem, und das Bild von mir ist in jedem verschieden. Ich wählte das Buch, um euch zu zeigen, daß es möglich ist, ich selbst zu bleiben.

Ich bin nur, wenn ich mich ändere: nicht die Identität, sondern die Metamorphose ist der Begriff, der zum Leben führt. Nicht die Angst schafft Leben, sondern das

---

1 Der Biograph war offenbar nicht befugt, Ort und Zeit der Abschiedsrede zu nennen. Schivkovs Botschaft geht prosaisch zu Ende: sie hat ein Ausmaß erreicht, daß ein Buch damit gefüllt werden kann.

Fortgehen.[2] Angst bleibt bei sich selbst. Wer sich ändert, vollzieht Natur nach.

Schivkov öffnete eine Flasche Bier und eine Flasche Champagner, er vermischte die Flüssigkeiten in seinem Glas. Bevor er trank, rauchte er eine dicke Zigarre an und blies den Rauch genußvoll nach oben. Er lud mich ein, es ihm gleichzutun.

Ihr habt die Lehre von der Evolution, von der sekündlichen Änderung aller vorstellbaren Dinge, aber ihr lebt, als ob ihr erstarrt wärt. Ich muß mir selbst treu sein, sagt ihr, dann lebe ich gut. — Werft diese Treue fort, werft dieses gute Leben fort! Ich gebe euch eine neue Treue: die Treue zum Wechsel, die Treue zur Änderung, das Vertrauen in das kreatürliche, natürliche Leben.

Glaubt nicht an Versicherungen, seien sie konkreter, geistiger oder religiöser Art, Versicherungen brauchten Paläste, damit ihr an sie glauben konntet! Eure Versicherungen versprechen euch die Sicherheit des Lebens. Ein kleiner Unglücksfall, ein kleiner Todesfall in der Familie, und ihr habt bemerkt, Versicherungen sind unnötig, sie stehen außerhalb des Lebens. Sie geben vor, die Identität zu schützen; in Wahrheit schützen sie den Profit. Alle Glaubensanstalten mit ihren Tempeln schützen nicht die Gläubigen, sondern die Tempel.

Schivkov trank und biß in das bereitgestellte Butterbrot.

Es gibt ein untrügliches Zeichen für die Lüge des Lebens — die Architektur! Alle, die nicht in Häusern wohnen, die am Maß des Menschen Maß genommen haben,

---

2 Das Verlassen des falschen Ichs — der Fort-Schritt im Sinne Schivkovs.

wohnen im Reich der Blendung. Eure Tempel, eure Bankgebäude, eure Verwaltungshäuser, eure Gerichte, eure Parlamente, eure Versicherungsgebäude, eure Gewerkschaftsburgen, eure Rathäuser, eure Museen, eure Fabriken, eure Theater- und Opernhäuser, eure Fußballstadien — sind sie nach dem Maß von lebenden Menschen gebaut? Eure Straßen? — Es sind Scheingebilde: dort wollen Menschen so tun, als ob sie mehr wären als Menschen; dort sind die Übermenschen, dort ist die Lüge.

Um euch ist so viel Schein, daß ihr euch vor lauter Spiegelungen nicht mehr selbst sehen könnt. Die Metapher eures Lebens ist die Spiegelung. Was ihr von euch zu wissen glaubt, wißt ihr von eurer Wissenschaft — sie ist ichlos. Wissenschaft hat kein Ich. Ihr wißt nichts von euch.

Ich gehe jetzt, und ich werde nicht wiederkommen.
Es ist alles längst gesagt.
Wenn ihr wüßtet, was schon alles gesagt wurde: es wurde alles schon längst gesagt.
Was ich bewirken werde, weiß ich.
Ich habe dennoch geredet.
Ich habe geredet, weil ich von außen gekommen bin, von außerhalb eures Lebens.[3]
Vergeßt es und lebt.
Seid Freunde.

---

3 Herkunft und Alter Schivkovs sind nicht belegt. Daß der bulgarische Staatschef Todor Schivkov (»In unseren Ministerien arbeiten nur die Aufzüge«) ein Verwandter Anatol Schivkovs sein könnte, ist höchst unwahrscheinlich, ebenso seine Abstammung vom Balkan.

Wenn ihr »normal« lebt,
dann verseucht ihr mit euren Mülldeponien
die Luft, das Wasser,
dann lagert Gift auf euren Getreidefeldern,
dann atmen die Großstädte Smog,
dann hat jeder vierte Verkehrsteilnehmer einen Unfall,
dann versteppen die Wälder,
sterben Tierarten im Wasser und auf dem Land,
und Pflanzenarten noch mehr.

Wenn ihr »normal« lebt,
verschwindet euer Boden täglich
immer mehr
unter einer Asphalthaut, unter Betonklötzen.
Normales Wasser, das ihr trinkt,
muß filtriert werden,
normale Milch sterilisiert,
normaler Fruchtsaft angereichert,
normales Fleisch vorbehandelt.

Das normale Leben wird immer teurer.
Auch der Krebs hat seine Preise.

Wenn ihr »normal« lebt,
dann kostet die Entsorgung des Gifts,
das euer normales Leben produziert,
so viel,
daß ihr immer mehr produzieren müßt,
um euch die teure Entsorgung leisten zu können.

Ob ihr es wollt oder nicht —
es kommt der Tag,
an dem ihr aufhören werdet zu arbeiten:
weil ihr sonst ersticken müßtet.

Wer arbeitet, versaut die Welt;
und es wird nur noch eine kurze Zeit sein,
bis eure Regierungen dahinterkommen:
wer nicht arbeitet, tut mehr
zur Erhaltung der Luft und des Wassers
und des Bodens und der Tiere und der Pflanzen,
als der, der arbeitet.
Und zwar in jedem Fall.

Wer nicht arbeitet,
kostet dem Staat, der Gesellschaft, der Natur
weniger als der Arbeiter.
Und zwar in jedem Fall.

Wer nicht arbeitet, tut etwas für das Leben.
Es hat euch keiner informiert,
daß es jetzt schon um das Leben geht,
das nackte, pure Leben,
das simple Überleben,
und nicht um Steigerungsraten
und Einflußsphären.

Wer nicht arbeitet,
muß den Löwenanteil bekommen
von den Steuern,
die die Maschinen bezahlen werden.

Im Gegenteil: wer weiterarbeiten will
wie bisher,
muß besonders streng besteuert werden;
wer Überstunden macht,
muß Sondersteuern zahlen.

Im Gegenteil: die Arbeiter
müssen gezwungen werden, aufzuhören
mit ihrer zerstörenden Tätigkeit.

Eines Tages muß der Arbeiter wieder imstande sein,
ein Buch zu lesen,
Musik zu hören,
nachzudenken,
zu begreifen,
absichtslos zu wandern,
Wolken zuzusehen
und Tieren
und Pflanzen ein Freund zu sein.

Eines Tages muß der Arbeiter imstande sein,
den »Spiegel« zu lesen
und die »Frankfurter Allgemeine«
und die »Neue Zürcher« und die »Washington Post«
und die »Prawda« —
und er wird dazusehen müssen,
daß dort andres drinsteht als jetzt.

Der Tag muß kommen, an dem
die Arbeit so verpönt ist
wie die Pest.
Hat sie euch nicht die Pest gebracht, die Arbeit?

Die Pestsäulen, die ihr aufgestellt habt,
aus Dankbarkeit,
daß es vorbei war mit der Seuche,
ihr könnt sie schleifen
und an ihren Stellen
die Arbeitssäulen errichten,
aus Dankbarkeit,
daß es aus ist mit der Arbeit,
mit der Weltseuche Arbeit.

Wer nichts verseuchen will, darf nicht arbeiten.
Es bleibt genug zu tun,
die Werke der Arbeiter rückgängig zu machen —
bis an das Ende des Planeten!

Es ist Zeit,
unser Leben selbst in die Hand zu nehmen.

# Nachbemerkung

Der Weg des Anatol Schivkov ist nach den vorliegenden Aufzeichnungen nur schwer mitzuverfolgen. Aber es handelt sich weder um eine Biographie noch um eine Reisebeschreibung — eher um moralische Lehrstücke, die vorgeben, Ansprachen vor Publikum zu sein. Der Begleiter Schivkovs — wie sich herausgestellt hat, gab es nicht nur einen Begleiter, sondern verschiedene — hat auf die örtlichen Gegebenheiten so wenig Rücksicht genommen, daß bei manchen Passagen der Eindruck entsteht, die Nennung der jeweiligen Stadt sei ein Kunstgriff, auf den zu verzichten sich eher gelohnt hätte. Es ist offenkundig, daß mehrere Reden nicht vor Publikum, sondern nur auf dem Papier gehalten worden sind. Das entwertet jedoch keineswegs ihre inhaltlichen Ansprüche, höchstens die literarischen des Begleiters.
Was bislang feststeht: in allen genannten Orten finden sich Spuren Schivkovs, es gibt immer wieder Zeugen, die von einer Art »Lehrtätigkeit« Schivkovs berichten. Nicht bezeugt ist, daß ein und derselbe Begleiter immer bei ihm war. Daher ist wahrscheinlich, daß der »Biograph« nur ein kurzes Stück Weges mit Schivkov gegangen ist — sehr wohl aber wußte, wo Schivkov überall aufgetreten war, und daher seine Reden, die wohl zum größten Teil authentische Sätze wiedergeben, auch in den Zwischentexten, später auf die verschiedenen Örtlichkeiten verteilt hat, die der Begleiter selbst jedoch nie betreten hat.
Sicher ist, daß Schivkov eine Reihe von westlichen Großstädten besucht hat, bezeugt sind auch kürzere Aufenthalte in Indien und Ozeanien; sicher ist, daß Schivkov zumeist vor kleinen Gruppen sprach (und

nicht vor »Hundertschaften«) — völlig ungesichert ist hingegen, ob es auch nur ein einziges schriftliches Dokument von ihm gibt, wie die Anordnung des vorliegenden Textes zu suggerieren versucht. Sicher ist, daß sich Schivkov weder als Partei- noch als Religionsgründer verstand (und schon gar nicht als -reformer), sicher ist, daß sich Schivkov ein zweijähriges Sprechfasten auferlegt hat, ehe er im Sommer 1989 in Paris untergetaucht ist. Wahrscheinlich ist, daß sich aufgrund der vorliegenden Publikation mehrere bisher unbekannte Zeugen zu Wort melden werden, die das Bild von ihm vervollständigen oder korrigieren werden. Möglich ist, daß sich mehrere Schivkovs als der Anatol Schivkov dieses Buches wiedererkennen und ausgeben werden. Sicher ist aber auch, daß alle diese Fragen nebensächlich sind — in Anbetracht der Botschaften, die Schivkov hinterlassen hat.